編者誌

教育，是落實法鼓山理念的具體實踐方法；而佛教學院教育的建立，更是為佛教研究、弘化人才的培育，奠定紮實的基礎。教育的推廣，一直是法鼓山的重要使命，尤其是法鼓山世界佛教教育園區的建立後，更為達成這項使命向前邁進了一大步。二〇〇一年僧伽大學的創設，二〇〇三年「出家體驗暨僧才養成班」的開辦，都為台灣的僧伽養成教育，開創了一個新的局面。

佛教人才培育不易，面對僧伽養成教育，如何賦予現代佛教新生命、令佛法得以傳承，是聖嚴法師興辦僧伽教育一貫的宗旨。由於對於僧伽教育格外重視，法師每學期幾乎每週都會親自為這些準備出家的學僧開示，時時叮嚀，諄諄教誨，培養眾人成為宗教師應有的精神、態度與規儀，期許為佛法的推廣與延續奉獻心力。

本書的內容，即為九〇至九三學年度，聖嚴法師為僧伽大學及出家體驗暨僧才養成班學員所做的歷次開示集結，內容包含：出家人的典範與行誼、宗教師的胸襟與悲願、慈悲與智慧的培養、基本規儀的確立、道心的建立……等，除了著重心態的建立，以及觀念的涵養，也不忘教導出家人所應重視的種種身、語、意細行。在這一場場的開示中，聖嚴法師除了有語重心長的殷殷叮囑，也常常藉由一則則親身經歷的小故事，讓聽者更易領會和理解，也從中領會法師看待生命中各種順逆因緣的觀點，以及面對考驗時的努力歷程。

在書中，聖嚴法師認為「大悲願」是做為一位宗教師必備的條件，更指出需做到：「不為自己求安樂，但願眾生得離苦」的精神，這不只是出家眾所應謹記，更是現代功利社會所缺乏的。因此，本書的內容，除了對於出家僧眾是惕厲的箴言，對於一般大眾，也深具啓發，讓我們在側身紛擾的塵世時，能夠成為正己的明燈。

法鼓文化編輯部

目錄

法鼓校風

出家心行

長者行誼

法鼓校風

宗教師的胸襟與悲願

首先，我要在這裡代表法鼓山的法師及居士們，歡迎各位僧伽大學的新生，來到法鼓山接受出家生活的訓練。關於我們學校，有些人可能已有某種程度的瞭解，如果還有人不是很清楚，那也無妨，入學以後還有很長的時間可以慢慢地認識，所以關於這方面，我不擬在此向各位多做說明。

法鼓山的三大教育

法鼓山這個團體，可以說是十分優秀的團體，不論是僧團或是信徒們，都很優秀。「教育」是法鼓山的一大使命，除了中華佛學研究所、僧伽大學，以及漢藏交流班之外，對於信眾、社會，也一直在做教育方面的工作。

我們所推動的教育是整體性的，內容可分成三大部分：第一是「大學院教育」，包括中華佛學研究所、僧伽大學，以及未來的法鼓大學等；僧團則負責其餘的兩大部分——「大普化教育」及「大關懷教育」。

法鼓山的成員包含了僧俗四眾，即出家的男、女二眾及在家的男、女二眾，這四眾都是擔任普化教育及關懷教育工作的人，我們法鼓山稱他們為「鼓手」，因為他們在做傳播佛法的工作。

傳播佛法，並不僅是用嘴巴講佛學名詞、佛教經論，而是要把佛法的精神在我們的生活之中表現出來，在社會之中發揚光大，這才是傳播佛法的真正涵義。

如果從學術方面來看，佛法可分成不同的面向與層次，不同的領域各有其研究對象，也都各有其成果、價值，但研究與實踐最好是並行的。法鼓山的弘化事業裡，屬於實踐方面的，就是我剛才所講的「大普化教育」、「大關懷教育」。出家人的修行和在家人的修行，都是屬於大普化教育及大關懷教育的範疇。是用佛法來提昇我們自己和社會的品質，提昇整個人間的精神領域，就是推行「大普化教育」與「大關懷教育」的宗旨所在。至於施設「大學院教育」的目的，則是為了深化「大普化教育」及「大關懷教育」的落實。

現在法鼓山的「大學院教育」約略可分成兩個系統，其一是培育人文社會工作及學術研究方面的人才，另一則是培養宗教師的人才。前者是由中華佛學研究所及將來的法鼓大學來進行，至於後者則是由僧伽大學來負責。

宗教師的胸襟與悲願

過去我們很少思考什麼是佛教的宗教師，大抵出家了、剃頭了，就是佛教的比丘或比丘尼了。但是那樣只能算是出家人，還不算是真正的宗教師。所謂宗教師，必須懂得修行的觀念、修行的方法，除了自己依教奉行之外，還能引導其他的人、帶動其他的人來接受佛法的智慧，用佛法來幫助自己、幫助別人。

其實宗教師的觀念在西方宗教已行之多年，因此西方的宗教才得以傳布於世界各地。譬如我在台灣山地的原住民部落，就看到許多天主教的修士、修女、神父，以及基督教的牧師，他們深入原住民的部落，學習他們的語言、過他們的生活，幫助他們於日常生活之中得到便利、得到安全。因此，山地部落的原住民多半信仰了天主教或基督教。

他們的精神十分值得我們佩服，他們毫不留戀西方社會優渥舒適的生活，不辭辛勞地遠渡重洋來到台灣的窮鄉僻壤，過著艱苦的日子。這就像是被流放到不毛之地一樣，一般人是不會願意去的。

而我們佛教徒，有些人一出家就希望能好好修行、能多懂幾部經論，或是要學打坐、要解脫、要成佛。結果這些人反而因為愚癡，所以沒有辦法通經論；因為很自私，所以也不可能得解脫。他們不但沒有辦法成就自己，也沒有辦法成就他人，終究一輩子只能這麼混、混、混，這種人可說是佛教的寄生蟲、社會的敗類，並不是宗教師。

真正的宗教師，必須有奉獻的精神，奉獻生命、奉獻一切來修學佛法、護持佛法和弘揚佛法。一個宗教師就應該要有這樣的胸襟和悲願。如果出家的目的，只是希望過一個安靜的生活或是逃避現實，抱這種心態出家以後，保證是一個自私的煩惱鬼，不可能得解脫，而且因為沒有正確的發心，煩惱只會愈來愈重、愈來愈多。

正確的發心，就是剛才我所說的「修學佛法，護持佛法，弘揚佛法」，這三者之間有連屬的關係。當我們修學佛法稍微有基礎之後，便要去護持佛法，也就是用我們的時間、體力去參與所有和佛法有關的事，在護持佛法的同時，就已經達到了弘揚佛法的效果。而且因為教學相長，所以在弘揚佛法的同時，又修學到了佛法。弘揚佛法，隨時隨地都能做，不一定要到我這個年紀才可以做，而且也不盡然要用說的，用行動、用威儀、用觀念都可以。總之，弘化的方法有千百種，不要封閉、萎縮或矮化自己。

這次漢藏班有九位喇嘛來報到。你們從西藏、尼泊爾、印度乃至錫金遠道而來，到這裡交流學習，這份弘傳佛法的悲願心，實足以做為僧大同學的榜樣、模範，因此，你們的到來，可說是藏傳佛教送我們的禮物。但是藏傳佛教的禮儀、習慣、觀念，有一部分和漢傳佛教不相同，我們向你們學習，你們也要來看看我們漢傳佛教在做些什麼；不好的地方、不合法的地方，請向我們明講，不要只是回去跟你們藏傳佛教的人說：「漢傳佛教很糟呀！很壞呀！很不像樣呀！」同樣的，如果我們這邊有好的部分，也請你們留心學習。

悲智和敬的行事原則

一年的時間很短暫、很寶貴，你們除了學習語言、電腦這些工具，也應該試著去瞭解我們漢傳佛法的基本觀念和修學方法，而你們也可以向我們介紹藏傳佛教的觀念及方法，因為這是交流班，所以強調的是交流，互動良好的交流對彼此都有好處。

最後，我想用僧伽大學的校訓——「悲、智、和、敬」勉勵諸位，請大家朝著校訓所指示的方向努力：「悲」，以慈悲心對待一切眾生；「智」，以智慧心處理一切事物；「和」，以和合心做為僧團運作的基準、原則；「敬」，以恭敬心尊重每一個人的立場、觀點、職務和身分。如能遵守校訓的四個原則，那麼諸位就算畢業了，因為能做到這個程度，那已是非常合格的宗教師。

最後祝福大家要有恆常心。僧大同學們的法名都是我親自取的，每個人都有一個「常」字，「常」是持續下去、持久下去的意思。所謂「菩薩發大心、魚子、菴羅華，三事因時多，成果時甚少」，為什麼這三者的因多果少呢？原因就是缺少個「常」字。

初發心很容易，但恆常心不容易，僧伽大學的學習期間有四年，漢藏班只有一年，希望你們在學習過程中不要打退堂鼓，要堅持「常」，不要「斷」。但願我們這裡沒有魚子、菴羅華，希望諸位菩薩發心之後，都是非常堅固的。

（講於二〇〇一年九月十二日僧伽大學新生講習始業式）

法鼓山的風格

法鼓山的風格是什麼？做為一個漢傳佛教的修行人，有兩個基礎條件：第一、要有奉獻的心；第二、要有學習的心。「學習」和「奉獻」是互動的，是一體的兩面。所謂奉獻，就如我們中華佛學研究所所訓中說的「實用為先，利他為重」；而學習則是所訓的前兩句「立足中華，放眼世界」。

句中的「中華」是指漢傳佛教，這也是我們佛研所取名「中華」的意義所在，而「放眼世界」則說明了法鼓山的未來是朝著世界性的方向走去。所以諸位在此學習，即使不是讀研究所，也一樣要「立足中華，放眼世界」。

雖然「學習」是以中華（漢傳）佛教為主，但也要放眼世界，不要抱殘守缺，不能老是說「我們漢傳佛教是最好的」、「唯有漢傳佛教才值得弘揚」這類的話。只是因為我們是漢人，而漢傳佛教也是佛教的一環，所以我們會選擇站在漢傳佛教的立場來辦教育。

以漢傳佛教爲立足點

往未來看，我們僧伽大學是以大學為目標，而且僧大所設定的方向也不局限在漢傳佛教，我們未來也規畫了藏傳的、南傳的系所，也可能有另外的系所，所以僧大的未來是朝向多元性的方向去努力。但是無論如何，我們的立足點還是漢傳佛教，以漢傳佛教為基礎，然後來研究、接受、消化其他系統的佛教。

學習的目的不僅僅是為了學問，而是為了奉獻，也就是「實用為先，利他為重」的意思。我曾經和所長、副所長討論過好幾次，希望佛研所造就的人才和研究的主題一定要實用，而且要與時代、環境結合，如此才能利益社會，否則，那僅僅是關在象牙塔裡研究的學問。當然那種學問也不是沒有用，只是我們希望研究古典是為了「古為今用」，朝實用的方向去思考。

另一方面，我們研究藏傳、南傳佛教，主要是為了為漢傳佛教所用，並不是研究藏傳、南傳佛教之後，漢傳佛教就全部不要了，全部變成藏傳、南傳佛教。這個請大家要瞭解。

比方說：泰國法身寺現在有兩位法師在這裡學習，他們本身是南傳佛教系統，但他們知道南傳佛教是整體佛教的內容之一，也感覺到南傳佛教有它的不足之處，而大乘漢傳佛教的某些東西可以補充他們的不足，因此他們來到這裡學習，並不是要把自己變成漢傳佛教。

在法鼓山學習的藏傳佛教喇嘛們也是如此，他們來這裡學習的目的，是為了看漢傳佛教對藏傳佛教有什麼幫助。像這樣，漸漸地，也許一百年、兩百年以後，世界的佛教雖然還是有漢傳、南傳、藏傳的系統之分，可是因為瞭解彼此的長處，就不會再互相批評了。

這有點像我們漢傳佛教，雖然有淨土宗、禪宗、天台宗，也有重視思考的唯識學派，以及華嚴學派等各種不同的學派，但是全部都屬於漢傳佛教。同樣的，雖然有南傳、漢傳、藏傳不同系統的佛教，但全部都是釋迦牟尼佛的佛法，彼此之間是可以互通的，也可以獨立存在，因此應互相尊重。

法鼓山的學風，就是希望往這樣的方向去走。我們自己本身的風格以及要發揮的風格是漢傳的，如果我們自己一下子搖身一變，變成藏傳的，那麼藏傳佛教的人為什麼還要到這裡來學習？如果我們已經變成南傳了，那麼南傳的人到這裡來又有什麼好學習的呢？

我們漢傳佛教之中有一位學習藏傳佛教的先驅大德——法尊法師，他雖然學的是藏傳佛教，可是他有很深厚的漢傳佛教基礎，所以他從藏文翻譯成漢文的作品、經典、論典，都非常典雅，而且是用漢傳容易接受的表達方式。但是，如果沒有深厚的漢傳佛教或漢學基礎，要把藏文翻成漢文的時候，味道不容易翻譯出來，作品的感覺也不容易出來。

互相學習，各取所長

所以，我要勉勵諸位同學們，這裡是一個非常好的環境，大家可以彼此互相觀摩、學習，各取所長。而我們是漢傳佛教的一個系統，所以還是請大家重視漢傳佛教。我們研究所的同學到二年級之後就選組研究，當然可以研究藏傳佛教或是其他的傳承，可是不要忘本，你的根本是漢人、是漢傳佛教，應該要立足中華放眼世界，不要數典忘祖。

接下來我想要勉勵諸位。一般人都會有人生的大夢，可能在懂事以後就漸漸開始作夢。記得有一位教授的小孩七、八歲的時候，問他長大後要做什麼？他說要當警衛，因為他看到學校校門口的警衛，服裝很挺、很神氣，見到人都喊：「敬禮！」看起來好像很帥的樣子。後來長大了一點，再問他：「長大想要做什麼？」他說：「我想要做教授。」因為他看到學校的警衛看到他爸爸時都恭敬地喊：「教授！」他覺得當教授好像更神氣，所以將來想當教授。再長大了些，快二十歲了，再問他：「你要做什麼？」他反而回答：「不知道。」環境、因緣是不停變化的，未來是未知數，雖然常有人說「生涯規畫」，但這多半是夢，夢畢竟是不可靠的。

目標就是爲了奉獻

前天我上一個電視節目，叫做「不一樣的聲音」，節目裡邀請了兩位貴賓，是父子倆，他們是企業家專業經理人。兒子在十九歲的時候就當上了一間大企業的總經理，還寫了一本暢銷書──《十九歲的總經理》，就是在記述這件事。他從沒有想要當總經理，只是從很小開始就想獨立，不想和爸爸走同樣的路。到了十八歲進大學那一年，剛好有個機會可以創業，於是他向爸爸要一筆錢做為資金。他爸爸說：「你從小就想要獨立，那麼就讓你去吧！我現在把要給你讀大學和研究所的錢一併交給你，從此以後，你生意成功是你有福氣，生意做不好也不要找我，但是你書還是要讀。」結果這個年輕人就去創業，從事網路，很快就賺了不少錢。現在他二十一歲，我問他：「你現在有什麼一定的規畫沒有？」他說：「沒有。

我只要有機會就做。」

後來節目主持人葉樹姍小姐就問我：「師父，您從小有沒有作過夢？」我說：「基本上我沒作過什麼人生大夢，我也從不為自己的未來作規畫。」她又問：「師父您沒有規畫，不會覺得沒有將來性嗎？」我說：「我就是不斷地學習，為了『奉獻』不斷地學習。我十三歲出家懂得一點佛法之後，就想把佛法奉獻給人。知道多少就給多少，不會就去學。我只有這麼一個目標，沒有我將來要做什麼、什麼的目標。」

雖然說我不太作人生大夢，不過有兩個例外。當我在上海佛學院做學生的時候，因為聽說四川重慶有個漢藏教理院，是太虛大師開辦的，而當時的負責人是法尊法師，就夢想自己畢業後，能去那裡讀書。可是，這個夢到最後是幻滅的。佛學院畢業後，我進入佛學院的研究班，本來是想讀完研究班，能夠寫出一篇比較像樣的研究論文了，再到四川重慶。但是沒想到，之後中國大陸就解放了，這個夢也就破滅了。

另外一個夢，就是出家。這個夢雖然如願了，但我一路行來，從來沒有想過一定要做什麼。例如我到山上閉關六年就不是原先計畫好的，後來去日本留學六年，也是因為閉關出來後，眼前好像無路可走，於是順著因緣走，才到日本去的。

做一個有悲願、實修的宗教師

後來去美國也是一樣，當時我在日本讀完博士學位回到台灣，台灣沒有人要我，而美國卻爭著要我去，所以我就去了。到了美國之後，本來想台灣大概沒有人要我了，結果有人請我當台北中國文化學院中華學術院佛學研究所的所長。我本來也沒有要接中華佛教文化館，但是東初老人圓寂了以後，因緣如此，就接了文化館。後來因為文化大學的因緣變化，所以我們就自己在文化館辦了研究所。之後，又因為文化館地方太小，才有現在這個法鼓山。這些都不是我事先規畫好的，我並沒有作夢說要當法鼓山的負責人！

上個星期，我們在台中舉辦了「心靈環保博覽會」，其中有一個座談會，安排三位貴賓與我對談。其中一位就是目前在台灣有六家連鎖飯店的亞都麗緻大飯店總裁嚴長壽先生，他只有高中畢業，在三十多歲時，就當到了美國運通公司的總經理。

他跟我說，那個時候高中畢業要找到好職業十分不容易，只能夠做小弟或雜工，就是專門替人家倒垃圾、倒茶，收發文件。但即使是做小弟，他都在想如何能讓自己更有用。可是因為他只是個小弟，即使有電腦，也不准他碰，怕他一碰就壞了。於是他發了一個願：「凡是沒有人要做的事，我來做。人家不願意做的事，我來做。人家不願意值的班，我來值。」

由於美國運通是跨國公司，台灣這兒是晚上，其他地方可能是白天；這兒是週末、週日，其他地方可能還在上班。因為有許多公司希望能立即得到答案，所以有些時候必須要值夜、留守。可是到了假日時，大家都希望能休息，於是他說：「沒有關係，我來替你留守。要發的信件，我來替你發；要做的事情，我來替你做。」人家說：「可是你不會。」他說：「那你可以教我，教了就會了。」

因此有一些職員，甚至包括一些主管，為了要休息，就答應教他，結果好多主管的工作他都會做了。他就在人家下班、休息的時間替人家做事，而且做得非常好，結果他這家公司的業績最好。美國總公司就發現，台灣分公司的效率為什麼特別好？品質做得這麼好，要獎勵什麼人呢？台灣的負責人說：「要獎勵的大概是那個小弟了。」後來就一路把他陞為經理，結果原來的上司變成他的下屬，大家都很羨慕。但羨慕也沒有用，這是他努力出來的。當然他在學習過程之中滿辛苦的，不僅英文，還有電腦的操作，但他都盡量地學習。他付出最多，學習到最多，而獲得也是最多的，成長也是最快的。但他當初並沒有做什麼生涯規畫，而是自然而然發展成現在這種狀況。

由於嚴長壽先生把跨國的美國運通公司經營得很好，所以亞都麗緻大飯店開辦的時候就請他去管理。他以累積的工作經驗來管理亞都飯店，完全以服務品質第一為要求。我們現在看到亞都飯店，雖然門面上並不覺得有什麼特別，裡面的設備也不覺得豪華，可是住過亞都飯店的人，下一次到台灣、到台北，還是喜歡住他們那裡。因為它的服務讓你感覺到很溫馨、安全、親切和方便，這就是亞都飯店成功的地方。嚴先生告訴員工要用這種態度來做事，後來他在亞都飯店也培養出好多經理人。以這種精神來經營，它的品質自然而然就會提昇。

要有大方向、大原則

這一段話是要勉勵諸位同學，你不需要有多少夢，只要有一個大方向、大原則，那就是準備成為宗教師。而我們這個環境就是要培養一個有悲願而且有實修的宗教師，所以宗教的氣氛相當濃厚。

當然宗教師不一定要出家人。昨天晚上有一個女孩子來見我，這個女孩子是清華大學英語系畢業的。十多年前，她大學還沒有畢業，抱著一身的病，不知道未來該怎麼辦。她跟我說：「像我這樣有病的人，大概只有出家，其他都不能做了。」她的意思，好像是說出家人都有病，而有病的人也只有出家，其他的事都做不成。

那時我勉勵她，妳真想要出家，只要發願，將來一定可以出家的，但是妳先把大學讀完，妳的身體會好的。結果大學讀完了，我沒有再看到她。

過了十多年，她昨天來見我，告訴我：「師父，十年前我想出家，但沒有如願，十年後，我雖然沒有剃度，也沒換裝，但是現在已經在做弘揚佛法的事，是個宗教師。」這個女孩子並沒有結婚，而以在家身分做宗教師的事業。我問她：「妳現在覺得自己全部清淨嗎？」她說：「也沒有，只是常常提醒自己身清淨、語清淨、心清淨。修行能夠使得心清淨；而講話用佛法，就是語清淨；做的全部是佛法的工作，那就是身清淨。」所以，在家人也不是不能夠成為宗教師。

「道心」就是菩提心

往未來的世界看，無論是出家人或在家身分的專業宗教人員，都很需要。我們研究所常常勉勵諸位同學：「道心第一，健康第二，學問第三。」我在日本留學期間，曾經沒有生活費、付不出學費，也沒有信徒可以幫忙，台灣的人包括我的師父，都不相信我。那時沒辦法，就去跟我的指導教授說準備回台灣，他勉勵我：「道心中有衣食，衣食中無道心。」

追本溯源，這句話是日本一位古大德講的。所謂「道心」，就是菩提心，包括智慧和慈悲。為度眾生得解脫也為自己得解脫，自利利人的心就是大菩提心，也叫大道心。菩薩，就是菩提薩埵，摩訶菩提薩埵就是有大道心的眾生；也就是對自己要用智慧來生活，對眾生則要用慈悲來利益；讓眾生和自己均能離苦得樂，自利利他就是大道心菩薩。

因此做宗教師的人，不應為自己的衣食營求，而是要為道心，也就是菩提心。如果你沒有菩提心，光是找一口飯吃或是找生活費，為了住得好、生活得好，那叫做「衣食中無道心」。如果你有道心、有菩提心，就不用擔心沒有房子住、沒有飯吃。

現在也許你們看到我聖嚴好像滿不簡單的，到每一個道場，每一個道場都把我當成貴賓，拿好的東西給我吃、拿好的椅子給我坐，如果我要在哪一個地方過夜，他們一定把打掃得最乾淨的房間給我住，把被子、枕頭放得好好的，讓我休息。你們或許會說：「做一個像師父這樣子的一個人，真值得啊！」但是你們要知道，我從來沒有想到要做這樣的一個人，我到任何一個地方，以及住在任何一個環境裡，心裡想到的都是對那裡的環境、那裡的人有什麼幫助、有什麼好處。如果我對那環境的人沒有好處、沒有用處，我是不會去的。

昨天有一位很有錢的企業家的母親過世，有人跟我說：「師父，那個人很有錢，您一定要去！」我說：「阿彌陀佛！我如果有這樣的心，那就絕對不能去！我應該關心的是，我現在去，對他們有什麼好處？」後來，我問那位企業家的朋友，也是我們的護法信眾之一，我問他：「我去對這個家族有沒有用？」他說：「師父，有用！這家人問題很多，您去可以說法給他們聽。」

我不知道他們家裡面有什麼問題，去了之後，我就對著亡者說「無常法」，並告訴她要放下。我說：「老太太，妳要放下！世界上所有的東西都帶不走的，現在妳要走了，非放下不可。財產、兒子、孫子，這邊的是是非非全部都要放下！一心一意念佛，求生佛國淨土！」我簡單地講完以後就回來了，那位陪我去的護法居士也跟我一起回來。

回程中他跟我說：「師父，您今天講的很有用，自從老先生過世以後，兄弟姊妹為了遺產已經爭了好多年。現在老太太也過世了，爭遺產的問題一定更嚴重。但師父您講『人生真無常』，這些兒女都是六、七十歲的人，相信他們聽了以後也會放下，至少爭的時候會少爭一些。」

眞正的奉獻是不求回報

如果真能這樣，我覺得去這一趟是值得的。如果我只是想著：他們會不會給我捐獻，那就是煩惱了。我去一趟，花了時間，結果還為自己惹來了煩惱，那多划不來。我只是奉獻，奉獻就是沒有希望得到回報。

所以，做事不要老是考量著：做這件事對他有好處，那對我有什麼好處？你如果經常這樣想，那就沒有道心，起的是貪欲心。如果貪不到，你失望了，接下來就會產生瞋恨心、怨懟心。貪、瞋不是菩提心，也不是道心，而是煩惱心。

諸位同學，我勉勵你們做宗教師，不是教你們吃虧、痛苦。如果有宗教師的心懷，你們經常是很快樂的。有機會就奉獻，對他有益處時，就讓他佔便宜，這是有道心。但假如期末要寫研究報告，有同學請你慈悲慈悲、做做好事，替他寫報告，這樣是道心嗎？如果那位同學畢業以後，什麼也沒有學到，那你就害他了，你幫他忙結果害了他，這是愚癡心。

另外我要強調的是，不管你是在家眾還是出家眾，住在山上就要遵守山上清淨的規矩，我希望你們可以守八戒——不殺生、不偷盜、不淫、不妄語、不飲酒、不坐臥高廣大床、不香花鬘塗身、不故往觀聽。如果有時候有同樂晚會，雖可以唱歌，但是不能唱靡靡之音。跳舞則可以跳西藏金剛舞之類的舞蹈，但是不可以跳沒有威儀的舞。在我們山上，一定要遵守宗教師的生活，要遵守宗教師的道德，男女之間的關係一定要清淨。這是我們希望的，否則，道心就不見了！

（講於二〇〇二年九月十八日僧伽大學「創辦人時間」）

法鼓山僧伽大學的創校精神

「精神」的意思非常抽象，沒有辦法用一句話表達清楚，舉個例子來說，一般我們提到達賴喇嘛，就會想到達賴喇嘛是西藏的精神領袖，也是整體佛教的代表。他的影響力，或者說他所表現出來的形象，就是不使用暴力，而且要讓世界上每個人都知道佛法。不使用暴力，即是說明佛教是非暴力的宗教；至於弘傳佛法方面，達賴喇嘛常講慈悲、智慧，這就是佛教的根本精神。

菩提心與出離心

佛教的精神，可以說就是「菩提心」與「出離心」。「菩提心」

就是「覺」，「覺」是自覺與覺他，所以，菩提心是包含悲願與智慧的。如果智慧之中沒有蘊涵度眾生的悲願，那麼這樣的菩提心不完整；如果菩提心和出離心不相應，那麼就不得解脫。所謂「出離心」就是出離三界生死輪迴的心，通常一般人講出離，往往只談到出離五欲，但出離五欲還是在欲界，必須更進一步出離三界；舉例來說，不僅是五欲的樂，連定境的樂都要出離。

菩提心、出離心是非常可貴的，我們平常向在家眾說明菩提心時，不外就是要布施、護持三寶、協助出家眾救度眾生、發願使眾生得利益等。講出離心時，也總是鼓勵的成分多些，要他們心不隨境轉，不要被世間種種外緣所影響，不要隨著魔鬼的音符而起舞；然而，真正的出離心，是要對三界中的一切都出離的。

在家人要做到完全出離，並不容易，要成就阿羅漢果，還是要出家的；另外，《無量壽經》裡也提到，想要往生西方淨土得「上品上生」，就必須要出家。如果有人說：「我身不出家，但心出家。」說這話的人，除非他是初地以上的大菩薩，否則就是吹牛，因為初地以上的大菩薩六根清淨，不受生死困擾，才有資格說是心出家而身現在家相。

所以，諸位能來出家是好事，但出家並不等於就是「上品上生」的保證，不是一出家就是向西方極樂世界買了保險一般，將來一定可以到極樂世界去。實際上，要真能上品上生，出家是其中一個條件，另一個主要的條件是要專心精進念佛，而且要修三種淨業，即：（一）孝養父母，奉事師長，慈心不殺，修十善業。（二）受持三皈，具足眾戒，不犯威儀。（三）發菩提心，深信因果，讀誦大乘，勸進行者。這三淨業中的菩提心，即是大乘佛法的重心，也就是說，如果離開了菩提心，大乘佛法就沒有著力點。

另外，一般人一講出離心，往往就忘掉了菩提心。常常聽到有人嘴巴說著：「我要度眾生。」若問他：「什麼時候度呢？」回答可能是：「那要等我自己修好了、解脫了以後再度。」其實，出離心、菩提心必須是同時並行的，不是說完成了其中一項，另一項才開始著手出發。

所以，大乘菩薩心就是為眾生的心，為眾生，所以我們要修行，而自己修行的同時也是為了利益眾生，兩者是同時進行的。不是說一定要自己先成就了以後，才來弘法利益眾生。而能傳承佛法的，多半是凡夫僧，因為聖僧畢竟不多，因此，在凡夫階段，就應該要有慈悲心、出離心。

放眼全世界，處處爲佛教

曾經有一位日本的天台宗祖師講過，如果看了蕅益大師的《靈峰宗論》而不流淚的話，那人一定沒有菩提心。我們從傳記裡看到，蕅益大師的一生就是為了佛法、為了眾生而做努力。他窮畢生之力深入經藏、廣註經論典籍，其目的不為其他，純粹就是為了度化眾生。譬如他注解《梵網經》，是為了讓眾生懂得《梵網經》；他研究《法華經》，也是為了讓眾生懂得《法華經》；又為了在家居士能好好持戒，所以他就編了一部《在家律學》；為了使出家人能持戒，就寫了幾套有關戒律的書。

蕅益大師的精神令我很感動，受到他的影響，我也本著要把佛法與人分享的心，所以書一本一本地寫出。這不是為了表示我很有學問，也不是為了學術上的地位，我真正為學術而寫的書只有兩本：一本是我的博士論文，一本是我的碩士論文，我寫書的目的，是為了要讓現代人接受佛法，瞭解佛法的好處。

例如我寫《戒律學綱要》，目的就是要讓人知道如何持戒、如何真正地實踐戒律，並且瞭解戒律的精神，而不是持戒持得像蕅益大師所說的「裝模作樣」，到處自稱「我持戒」、「我是一個律師」，標榜自己持戒嚴謹，實際上卻漠視戒律的精神。我所強調的是戒律的精神，是要能在實際生活中應用、實踐的，而不只是戒律的軀殼。

所以，即使我現在非常忙，還是不忘要寫書。不過，寫書不能信口開河或空空洞洞、天馬行空、不著邊際地寫，而是要蒐集資料，有根據地寫。

另外，太虛大師對我的影響也很大，但他被當時很多守舊派的人士稱為「魔」，認為他離經叛道，因為他會參加各種會議，和很多有名望的人來往，甚至他也看外道的書、有關革命的書，而於文章中表現他個人強烈的主張與看法。雖然如此，太虛大師卻從不計較、氣餒，還是把所有佛教的道場、信徒都當作是自己的道場、信徒來照顧，而不管那個人是否與他對立，就如同他的法號般，心量廣大如虛空，無論受到什麼樣的批判誤解，他心心念念就是為整個佛教、為所有眾生。

我沒有像太虛大師那麼大的心量，但我以他為榜樣，學習他的精神。所以，我思考問題乃至傳遞給弟子的訊息，都是從「整體佛教」、「全部佛法」來著眼。而我這一生的立足點雖是漢傳佛教，但在我心裡，對任何一個系統下的正統佛教都尊重、讚歎，因為佛法是一味的，就如同海水是一味的一般，雖因區域的不同，而分為大西洋、印度洋、太平洋，但終究都是海水，味道都一樣是鹹味。此外，我們也應該放眼全世界，要有世界觀，不要把自己局限在「台灣佛教」或「中國佛教」的地域化思考中。

這也就是法鼓山的精神，除了要學習踏實、謙虛、尊重的精神外，還要心胸廣大，不要只為個人設想；當然，我們要維護自己的團體，但更應該為整個佛教設想，因為佛教是全世界的佛教，所以全世界的佛教徒都是我們自己人。

我們的未來，一定要有前瞻性，要往遠處看、往大處看。大處，就是世界佛教；遠處，就是未來的佛教。如果只想到現在，那是短視、沒有前途的；如果往大處想、往遠處想，不只是想到自己，而能處處為佛教，想著要利益眾生，你存這個心，出家修行就不會有問題。

就像我先前講的太虛大師，他十幾歲就思考到全中國的佛教；我自己也一樣，十多歲接觸到佛法，就想到該如何讓更多人瞭解佛法、得到佛法的利益。我學任何東西，都是為了讓眾生得到佛法的利益，基於這一點，我雖然比不上太虛大師，但我是以他為榜樣的。我們僧伽大學的精神也應該是這樣，凡事往廣處、大處去思考。

過去我有一個很好的朋友，他和我見面時所談的都不是他個人的事，而是談二十年以後的中國佛教會怎樣、一百年以後的世界佛教會怎樣、如果我們努力朝哪個方向去做的話，佛教會怎麼樣……之類的話題。

有一次，我們在東京見面時又談到這問題，當時我連下個月的房租都不曉得在哪裡，接下來的生活可能都過不下去了，但兩個窮鬼卻在討論二十年、三十年以後的佛教會如何。當時，在座有人就認為我們太不切實際了，但現在看起來，當初說我們不切實際的那些人，到現在好像沒有什麼路可走了，但我們這兩個窮鬼，現在能走的路還真是不少呢！我說這話的意思，是要大家不要擔心個人前途的問題，佛教有前途，我們就一定有前途。

實踐創校的精神

一所學校的發展，和創校理念與校長的治校精神有很大的關係。我們僧伽大學現在是創校的初階段，我這個創辦人沒有辦法和你們每天生活在一起，我只能給你們精神，希望你們能把握這精神，誠懇謙虛、努力踏實、心胸寬大，不單為自己個人著想。尤其你們是僧伽大學的第一代學僧，更要把握住創校的精神，好好經營下去。

你們不要只會埋頭讀書、拚成績，認為學業成績分數比較高的人，就比較優秀。究竟誰是真正的人才，大概要在僧大第四年才約略看得出來。所謂「品學兼優」，對於一個出家人而言，品、學這兩者之中，「品優於學」要比「學優於品」來得重要，而「品」，就是自己的行誼人格。與人相處、為團體奉獻服務、為大眾解決困難，這方面不一定有分數，也很難打分數，但卻非常重要。

一個出家人不一定要會背多少經、多少論，但一定要有慈悲心，能為人解決困難；有出離心，自己少欲知足、少煩少惱；有菩提心，為大眾奉獻、服務。這些都要比課業的分數來得重要，但並不是說，你們上課的時候可以不用出席了，每天就在那邊掃落葉、清廁所、招呼信徒。我的意思是，你們不要把全部時間都放在課業上，不要只以書本為重。

我個人是為了眾生而讀書的，這是我的精神，如果你們不是這樣，那就不是法鼓山的精神。請諸位把精神掌握好，要為眾生讀書、利益眾生，當然這當中也包含了為自己少煩少惱而讀書。

如果沒有辦法降伏煩惱，怎麼辦？你們現在和外界接觸的機會不多，在僧團裡又無聊，時間一久，有時候頭腦裡就會出現古怪的念頭，譬如你們的頭髮理得很短，一開始還不覺得怎樣，但一陣子後，或許會想，頭髮若是能留長一點，應該會比較好看。你或許不覺得這是煩惱，但那就是煩惱！所以，平常自己的心上要有工夫，當狀況出現時，平日用功的工夫就要拿出來。譬如念佛的人，心中就要有佛號；參禪的人，心中隨時都要提話頭；默照的人，就用默照的方法。

如果上述這些方法都用不上，可以拜佛懺悔。但拜佛時不要身體在拜，心裡卻在那邊又怨、又恨、又罵，嘀咕著，拜了這麼久也沒用、菩薩又不靈，結果愈拜愈煩惱……。拜佛，要留心身體的動作、心裡的感受，這是與四念處——身、受、心、法，有關的基礎修學法。心不能調伏時就觀身，身比較調伏了以後再試著觀心，用這樣的方法來拜佛、懺悔就有用了。

我曾經教一個徒弟拜佛，但他拜了幾拜，人就跑掉了。我問他：「為什麼不拜了？」他說：「本來對佛像的感覺還好，但愈拜心裡就愈怨恨，恨那佛像為什麼不幫我？」要知道，拜佛的用意不是在求佛像幫你忙，塑像能幫你什麼忙呢？安心要自己求，佛像不能幫你安心。

你們對於「精神」二字懂了嗎？現在諸位出去與人相處互動時，大家一看很容易就知道你們是法鼓山的人。這不是依你所穿的行者服等外相來辨識，而是從氣質得知，這種無形中流露出的氣質，就是法鼓山的精神。我們法鼓山僧伽大學的學僧，應遵循我們的校訓「悲、智、和、敬」，但這不只是法鼓山僧伽大學的精神，也是做為一個出家人所應具備的條件。

今天的精神講話很重要，諸位的心胸要廣大，要努力、踏實，「不為自己求安樂，但願眾生得離苦」，這句話就是最好的說明，但這句話如果僅是用嘴巴念是沒有用的，它的重點其實就在於不要老是為自己設想。至於這樣的精神是否發揮得出來，則有賴平日有用心的方法、修行的工夫。

（講於二〇〇一年十月十二日僧伽大學「創辦人時間」）

現聲聞相，行菩薩行

今天要和大家談的是，為什麼以「悲、智、和、敬」做為我們僧伽大學的校訓。

首先談「和、敬」兩個字。「和」是我與人和，不是要求人跟我和；「敬」是我敬人，不是要求人家來敬我。和敬，是僧團的準則，也就是「六和敬」。

僧團一定是要和、要敬，才能夠大家彼此助道，否則就失去僧團的意義。一個出家人不能和他人和睦相處、不能尊敬人，老是想到自己，伸展自己的想法、需求、理想，特別是伸展自己的私欲，那很糟糕！

尊重他人，以和敬爲先

記得我小時候，有一次我哥哥從上海帶了一串香蕉回家。因為路途遙遠，香蕉皮已經發黑，但因我年紀最小，所以分到完整的一根，我吃了一口覺得真好吃，又甜又香，從來沒有吃過這麼美味的東西！

那時我心裡想：學校裡的同學一定也沒有吃過，於是我就把它帶到學校獻寶，也讓同學們高興，嚐一嚐這麼好的味道。可是因為同學多，所以就不准他們咬，只准他們每人舔一口。舔著、舔著，舔到最後，有一個同學卻一口把它吃掉了，結果其他的人都很生氣，大家追著要揍他。

這則故事是說，當自己有東西和大家分享的時候，大家都很和樂、很快樂，可是只要有人私心一起，想一個人獨吞，就會引起大家的不滿。

我把香蕉分給同學，在六和敬中稱為「利和同均」，類似俗話說的「有福同享」。此外，我們難免會有和他人見解、想法不同的時候，如果你說你有理、他說他有理，那就會爭持不下。

從佛法來說，眾生有種種性、有種種結，我們要和敬待人，尊重他人。尊敬、尊重他人的想法，並不是說，就不要有自己的想法，而是當自己有別的想法時，還是可以提出來，只是當其他人不贊成時，那就要妥協，尊重他人的想法。

不過，有些人會反過來說：「那你為什麼不尊重我？」如果這樣堅持自己的想法，不尊重他人的想法，就不是和敬！我們應該拿和敬來要求自己，而不是要求他人，為了「和」，就要尊重他人的想法。

現在的人都很有主見，很有自己的想法，這並不是壞事。譬如我常和我們的執事法師們一起開會討論，通常是我聽了大家的想法之後，再提出我的想法和意見。但是，有時候大家會說：「師父，你的想法是錯的，我們的是對的，我們大家都希望這樣。」

那我就只有妥協，因為少數服從多數，我只有一個人，我就順從大家的想法。但如果確定我的看法比大家的好，我也一定會說出個道理來，讓大家能夠心悅誠服，願意接受，如此就變成大家共同的意見了，我絕不會用高壓的手段。

因此，有好的意見，還是可以表達，說了之後如果能讓他人接受，那就變成大家的共同意見。如果你說出來之後，大家還是不能接受，那就只好放棄。這就是「六和敬」中的「見和同解」。

再者，校訓中的「悲、智」，就是菩薩的精神，行菩薩道就是要有智慧、有慈悲。「慈悲」是利樂眾生；「智慧」是斷除煩惱，自己少煩少惱，也讓眾生少煩少惱；自己不被煩惱所困是智慧，讓眾生不被煩惱所困是慈悲。

利人利己，以悲智爲根

煩惱是從身心環境所產生的，我們不受身心環境所影響是「智慧」，幫助眾生不受身心環境所影響而起煩惱是「慈悲」，這是菩薩行、是菩薩道。

「悲」、「智」、「和」、「敬」加起來，就是「菩薩僧」。以法鼓山為例，我們是大乘僧團，是菩薩的僧團，我們所現的出家形相是聲聞相，但是我們修的是菩薩行。

大乘經典裡，就有許多現聲聞相、修菩薩行的大阿羅漢的例子。因此，我們講的校訓——「悲、智、和、敬」就是大乘的出家菩薩行，其中「和、敬」代表著出家的僧團，「悲、智」是代表菩薩行。

其實，「悲、智、和、敬」這四個字，是所有出家菩薩都應該遵從的。而把它特別標明出來做為校訓，是我們僧伽大學的特色，也是我們僧團的特色——要把我們自己培養成「出家菩薩」，現聲聞相、修菩薩行。

現聲聞相應該要「和敬」，修菩薩行應該要用「悲智」。要培養成為一個標準的出家菩薩，就必須用這四個字，這是我們的特徵與特色。

（講於二〇〇三年二月二十五日僧伽大學「高僧行誼」課程）

僧大校風的建立

校風這名詞非常含糊。簡單來說，就是一個學校的風氣、風格。它主要是由第一屆的全體師生，彼此在摸索之中共同培養出默契，然後再一屆、一屆地延續下去。所以，第一屆非常重要，因為第二屆會觀摩第一屆，第一屆的校風不好，往後就很難更正。我們第一屆的同學都很開朗、很積極，彼此之間都很和諧，對上對下都能夠敬愛，這就是我們的校風。

出家心態的建立非一蹴可成

建立好校風的目的，主要是讓諸位能安心地做一個出家人。想安心做一個出家人並不容易，有次我當面請教印順長老：「出家不容易，出了家以後還會質疑自己這樣就是個出家人了嗎？」他說：「的確如此。」因為沒出家前是在家的身分，有在家人的觀念、在家人的生活環境；出家後，穿上僧服，也剃光了頭髮，雖然頭腦裡有佛法，但觀念裡還是充滿世俗法。

剛開始要進入僧團時，什麼都可以不要，愛情放下了、錢財放下了、名利放下了，什麼都放下了。但進了僧團之後，頭腦裡經常會出現一些世俗的想法和情緒反應，完全還是在家人的樣子。有時夜裡作夢，夢到自己是個在家人，這也是常有的情形；這說明即使出了家，潛意識裡覺得自己還是在家人，觀念想法、舉止行為，往往還是個在家人。

我自己的親身經驗也是這樣。當我做小和尚時，常夢到自己是個普通小孩；當兵時，又夢見自己是和尚；更奇怪的是，我三十歲二度出家後，卻又常常夢見自己是個軍人，很長一段時間，夢裡的自己都還是在家人。不過現在不會了，現在不管什麼時候，自己都是出家人了。

有一次，達賴喇嘛被記者問起出家的時間，他說他是四歲的時候出家的，所以從四歲開始，幾乎是從有記憶開始就是喇嘛了。後來記者又問他：「難道您對女人一點興趣都沒有？」達賴喇嘛說：「我也是人，不過如果我夢見美人，我會知道自己是喇嘛、是個和尚，對女人應該要怎麼樣處理。」換言之，如果作夢的時候自己是個在家人，可能就不會拒絕了。

我說這些例子的目的，是要告訴你們，你們進入僧大的時候根本不清楚出家的意義，只知道我不想結婚、不想做在家人，要修行、要出家，或者有什麼願心，希望出家以後如何如何。我小時候對出家也有許多的夢，甚至還沒上山以前，就想像著武俠、神怪小說裡的仙山，老和尚是個老仙人，而我自己是個仙童，老和尚在松樹下打坐，我就在一旁搧扇子、倒茶，陪著老和尚，老和尚在山上走的時候，我這個小和尚就跟在後面悠哉悠哉地，就像在仙境裡一樣。我夢想中的出家生活就是這樣，因為戲裡就是這樣演的。

之後我去佛學院讀書，心中又夢想自己讀完佛學院以後，能進漢藏教理院讀書。漢藏教理院是太虛大師在重慶辦的，可謂當時佛教界的最高學府，例如法尊法師、法舫法師都是漢藏教理院的老師，因此進入漢藏教理院，是我最高的希望。但是我後來去當兵了，所以並沒有機會進去。

當兵以後，在這十年之間，我老是夢見自己是個和尚，夢到自己回到小時候出家的道場，可見我想要回到自己出家的道場，想要再出家。當我重新出家以後，這種「我將來要怎麼……」的夢就沒有了，心裡想的就只是如何把和尚做好。我知道過去的夢，統統都是幻境，是不可能實現的。

那麼，要如何把和尚做好呢？第一、不貪權勢；第二、不貪名利；第三、不碰女（男）色。至於該如何奉獻自己呢？我在讀佛學院的時候，甚至更早，就有把所知道的佛法告訴別人的觀念。凡是聽到的、看到的、體會到的，都算是知道，知道多少就分享多少，不強求，一切盡力而為、量力而為。

還有，知道了佛法，自己要照著去做，這比記得多少還重要。我從小記憶力就不好，雖然拜觀世音菩薩以後，有增長一些記憶力，但我並不特別重視記憶背誦，我重視的是從實踐之中體驗佛法。從實踐之中體驗的佛法，是和生命相結合的；否則，即使看再多的書也沒有用，因為和生命沒關係，說佛法靠的只是一張嘴巴，對自己沒有用，也不能感動人。所以，我重視的是實踐，以聽到的、看到的佛法為實踐的根據。

踏踏實實做好出家人

你們的年齡都不小了，和我第二次出家時不相上下，那時候我已經覺得自己很老，感覺來日無多。你們諸位菩薩，如果還有人老是在作夢，應該也要提醒自己，不要有太多的幻想，要踏踏實實的，知道多少佛法就去實踐多少、體驗多少，否則會很痛苦。

你們來到這裡，現在頭腦裡的想法還是在家人，儀態、心態也都是在家人，如何學習像個出家人，是你們的第一步；有人認為，因為只是行者，還沒落髮，所以還是在家人。其實，如果心態不改變，就算剃了頭，也是光頭俗漢，還是在家人。

接下來，我想談一下我們的校訓——悲、智、和、敬，在家人也講悲智和敬，不過在家人講的和出家人不一樣，我現在就來講出家人的悲智和敬。

出家人的「悲」，強調的是沒有對象的慈悲，這叫平等的慈悲。出家人因為沒有家累，所以對眾生都是平等的、慈悲的；而在家人因為有家，所以一定有親疏、遠近、厚薄的分別。

慈悲的意思，包含兩種：一是關懷照顧，另一則是原諒、包容。在我還是小沙彌的時候，我們廟裡來了個和尚，他病得很重，原則上，像這樣子病重的和尚，一般寺廟是不願接受的，因為還要照顧他，是個額外的負擔。這位病重的和尚來到我們廟裡，第一句話就說：「我快要死了，請慈悲慈悲，我死了以後幫我料理一下，把我燒掉。」但是他還沒死，你不能打死他，再把他燒了。

我的師父就跟我講：「小和尚，我們出家人連狗、貓都要照顧，何況他是個比丘，你要照顧他。」然後他又講了一段話嚇唬我：「如果你不照顧病人，將來你在外面行腳的時候害了病，人家也不收留你、也不照顧你。」這段話害得我很緊張，於是就擔負起照顧那位比丘的責任。雖然我們廟裡很窮，但幾個月後，還是把他醫好了。他要告假離開的時候，還向我頂禮，說我是救命的小菩薩，我只是個小和尚，還向我頂禮，那時真嚇死我了！這就是一種關懷照顧，對需要的人關懷照顧。

後來我到上海靜安寺讀書，起初程度很差，聽又聽不懂，筆記也不會抄。有一位法師上《八識規矩頌》，我真是聽不懂，「煩惱」一詞還是第一次聽到，何況還分什麼隨呀、大呀、小呀的；其他像南亭老法師講的《大乘起信論》、道源老法師講的《圓覺經》，我也完全聽不懂。當時我就發了個願，如果自己學會了、懂得了，將來一定也教人家懂得。

當時上課時，老師在黑板上一條一條寫得密密麻麻，我怎麼抄也來不及，還沒抄完就被擦掉。還好坐我隔壁的同學滿好的，看我總是趕不及，就說：「我抄黑板，你抄我的，你抄不完，下了課我再借你繼續抄。」真感恩！那時上課雖然聽不懂，但是同學都很照顧我，不僅會提供筆記，假日也會為我補習，這些同學都成為我非常好的朋友。後來我功課趕上他們，他們還開我玩笑說：「那時你連筆記都不會抄！」這是我在佛學院受到同學照顧的情形。

當然，除了功課以外，還有威儀。剛出家時不是很懂，穿衣、吃飯等細行都沒做好，有時連剃頭也沒剃乾淨，這時同學間也會彼此照顧一下。其實，同學的照顧有時比老師的照顧還有用，因為老師有這麼多學生要照顧，頂多偶爾關懷一下。

照顧同學，雖然有時會影響到自己的時間，甚至成績會被拉下來，但卻很值得。不過，彼此的照顧，如果淪為我給你好處、你給我好處，兩、三個人成群結黨，這就不是慈悲、關懷，而是狐群狗黨，是營私、是麻煩。所以，慈悲一定是沒有條件的，幫忙他、關懷他，不是為了結黨拉關係。

我到日本留學時也是一樣。當時我的日文很差，雖然看得懂，但卻聽不懂，因此老師上課時我完全不瞭解，很是辛苦。還好日本同學都滿好的，他們並非有求於我，只是看我的功課快跟不上了，就主動問我，看我有什麼需要幫忙的。

和敬中有悲智

我遇到的都是好人，這是因為我總是以「和」、「敬」待人，非常有禮貌。當時我已經三十九歲了，同學們都是二十幾歲的人，有的教授甚至比我還年輕，我用和敬來和他們相處，他們也很慈悲地待我。後來我漸漸聽懂上課內容以後，也主動幫助了許多留學生，尤其有兩位新加坡、菲律賓的同學，我不僅替他們改論文、指導他們，還陪他們找資料，最後他們自己也會作學問了。我是沒有條件地幫忙，只因為人家幫了我，所以我也應該幫助別人，這就是

「悲」。

接著講「智」，智慧的意思是沒有煩惱。我們已經來學出家了，為什麼還有煩惱呢？有人說，因為三千煩惱絲還在，但是法師們三千煩惱絲也剃了，還是有煩惱。剃光了頭，並不表示煩惱就沒有了，煩惱的存在，是由於自我作繭、自我懲罰、自我封閉。自我作繭，基本上就是自我封閉、自己困擾自己。通常人們會認為，是因為別人困擾我，所以我才有煩惱；環境有問題，所以我才有煩惱。這種想法是顛倒見。

前天我在安和分院和一位居士談話，說著說著，只聽到她「啊！」的一聲，正好打了我一個耳光。因為我一邊說話一邊往前走，沒料到她的手會突然抬起，就正好被她打到。她手上還戴了個戒指，剛好劃在我臉上，熱辣辣地痛，真不是味道。

這位太太發現自己劃傷了我，非常不好意思，一直向我道歉說：「師父！我真是罪過，對不起！」我說：「妳沒有問題，是我自己的臉正好湊上去。」能這樣想，雖然臉還是很痛，但心裡就不會起煩惱；如果心裡老是想：「這位太太真是的！我問候她，她還打我！」或者「我今天真倒楣！什麼業障？竟然被她打了一下。」那麼煩惱就會愈積愈深。

環境會給我們帶來不舒服，但我們不要因為環境的不舒服就起煩惱，要用智慧來化解。所謂智慧並不是說要懂得三藏十二部經典，而是要有轉化煩惱的巧妙方便。所以，有智慧的人在任何狀況下都不會有煩惱。

昨天晚上，有位藝術家來見我，她問我說：「法師，您大概永遠都不會生氣吧！」我說：「我又不是聖人，生氣的時候照樣地氣。不過我生氣的時候，會用方法來化解，當下的問題，當下就處理掉。」像剛才那個例子，我就不會扯到前生或是業障上面去，而是當下用智慧把問題化解，不留下痕跡，這就是「智慧不起煩惱」。

如果常常緊張得生氣、緊張得煩惱，緊張得折磨自己，這是「愚癡」。要隨時隨地運用智慧，所謂「慈悲沒有敵人，智慧不起煩惱」，對自己用智慧、對他人用慈悲；但慈悲也要有智慧，沒有智慧的慈悲，反而會變成營私結黨、狐群狗黨了。

（講於二〇〇二年一月十一日僧伽大學「創辦人時間」）

和尚．和樣．和闖

首先，我把我們山上的教育體系向諸位介紹一下。

我們體制內有中華佛學研究所、僧伽大學佛學院、出家體驗暨僧才養成班，這是三個不同性質的教育單位。這三個系統的教育有其一致性、一貫性，但是也有其差別性。所謂的一致性，是指教育的機制及人事上有共通性，譬如圖資館、教室以及聘用的一些老師，這些資源是共享的。

在差異性方面，佛研所的辦學目標，是要提高佛教研究人才、弘法人才的素質，重視佛教語文、研究方法、論文寫作，使佛教界能夠有高層次的研究及文化人才，來從事文化、研究工作，或者是出國深造以後到各大學任教。因為佛研所的學生畢業以後，不一定會待在法鼓山，事實上幾乎百分之八十不會留在法鼓山，卻能夠把佛教推廣到社會，推廣到大學裡；現在台灣好多佛學院的師資，就是我們佛研所畢業的學生。

另外，僧大和佛研所不同，其目的不在培養宗教學者，而是培養僧團裡的後進人才，是以培養宗教師、宗教家為宗旨。其實，我本來是希望佛研所能培養宗教家的，但是以目前的制度、組織等情勢來看並不容易，所以我們才決定開辦僧大。僧大的同學是由法師來帶領，也盡量請法師來授課，重視宗教情操、宗教生活、宗教信仰，以培養年輕一代具有宗教情操的佛教棟樑人才。

法鼓山三大教育體系的宗旨

我在日本讀書期間，對日本的佛教有較多的瞭解。日本寺院中所謂的僧侶，實際上是寺院世襲的居士，他們經營寺院，住在寺院裡，擔任宗教師的工作，有一點類似基督教的牧師，是priest（神職人員），而不是monk（出家人）。他們的教育程度必須是大學畢業，否則不容易成為住持，也不容易擔任宗教師。過去台灣的民眾普遍看不起出家人，便是因為出家人的程度大多不高。

我們僧大的學僧，在素質及道心上都有很高的要求。因此，在四年的修學期間，除了基本的佛學常識外，也特別重視宗教生活、僧侶行誼。但是除了學習如何做一個出家人之外，也要能帶動僧團裡的各項執事活動，以及帶動居士們來學習佛法，這樣才是一個優秀的比丘、比丘尼，成為住持三寶的人才；所以，我們也寄望僧大畢業的同學，經過幾年之後，漸漸地能負起住持佛法的任務，這是我們的期待，也是僧大的辦學宗旨。

至於出家體驗暨僧才養成班，原先並不在我們的規畫之內。本來我們是希望以培養佛教青年人才為方向，也就是目前僧大的編制。現在之所以會有出家體驗班成立，原因主要有兩個：其一，我們這個團體是從開辦僧大以後，才真正開始有制度地培養青年人才，至今也不過兩年的時間。在這之前，於農禪寺出家的將近一百位出家法師，每位都是在僧團裡慢慢摸索、慢慢跟著學習的，因為缺乏一個有系統、有組織的規畫，所以他們走得很辛苦。基於這個原因，我們才決定開辦僧大，有制度地培養戒定慧三學兼備的佛教青年人才。

後來因為我們山上的建設一期一期地完成了，而僧大的人才還在培養中，我們僧團裡既有的人才也不多，所以要借重社會上的中年人才，進入我們的僧團，在接受兩年的培訓後，來幫助我們這個團體，成為培養戒定慧三學的佛教青年人才的推動力。所以出家體驗班的同學們，雖然普遍上年紀大了一點，但是實際上要比僧大學僧的任務更重一些，進來受兩年培育以後，就要去成就年輕的人、培養年輕的人。

開辦體驗班的第二個原因是，我們這個團體本來是不接受三十五歲以上的人來出家的，可是有一些為農禪寺、法鼓山奉獻了好多年的菩薩們不斷表示，三十五歲以前，因為放不下家庭、事業、父母或配偶，因緣不具足，所以沒辦法來；如今因緣許可了，於是紛紛懇求僧團讓他們出家。因此，我們籌辦了體驗班，開放給他們來出家。

每一位體驗班的同學，不管是不是想考僧大，或者是年齡已經超過而沒有辦法考僧大的，凡是進入我們體驗班的，就是僧團的一份子，並不是進入僧大的，身分就高一些、就優秀一些；而進入體驗班的，就差了一截，好像是次等一樣，沒有這回事！不論你是怎麼進來的，進來之後，大家都是平等的。

還有，進入僧團以後，請諸位菩薩不要和研究所的同學或是和僧大的同學比較，要求研究所同學有的、僧大同學有的，你們也要，那就很糟糕了！這三個教育系統的培植方式及課程不一樣，教育理念及教育目標也都不一樣，所以請大家不要計較。你們是來協助僧團培養戒定慧三學的佛教青年人才，不是來跟他們年輕人計較的。年紀大的不就是要照顧年紀輕的嗎？希望大家能瞭解，否則你們的煩惱就重了。接下來，我們來談談出家的心態。

出家應有的基本心態

出家基本要學習的，不是講經、說法、寫文章，更不是當大法師，而是學習如何當個出家人。曾經有一位老法師在《海潮音》雜誌上寫了這麼一篇文章，文章中把出家人分成三類：一類叫「和尚」，就是人天師範；一類是「和樣」，有和尚的樣子，能裝點佛教的門面；第三類則叫做「和闖」，就是闖蕩，到處闖！招搖闖騙也是闖，闖蕩江湖也是闖，裝模作樣也是闖，比如說化小緣、建小廟、趕經懺，還有喝酒、抽菸甚至男女關係不清楚，不防譏嫌，這些都叫做「和闖」。

第一種人天師範，是指身口意的行為，堪為人間及天人的表率。欲界的天人沒有斷欲，也沒有想要離欲，而出家人離欲，就比欲界天的天人更高一層；其次，出家人有出離心，所以不貪著禪定的享受，不管是欲界、色界還是無色界的禪定都不貪著；既不貪著五欲也不貪著禪定，這就叫做「出塵上士」。「塵」，就是塵勞，也就是煩惱的意思；我們雖然還有煩惱，但是練習著出離煩惱、練習著不起煩惱，隨時隨地警惕自己不要起煩惱。「士」，有下士、中士、上士，下士是凡夫、中士是賢者、上士是聖人；另有所謂「大士」，就是大菩薩了。出家人以聖賢的心行做為標準，所以我們要比人間所有的人還要高。「高」的意思，並不是趾高氣昂、高傲的高，更不是要人家來恭敬、供養的高，而是指我們能夠不追求世間人們所追求的、能夠不拒絕人們所拒絕的，這就是「出塵上士」，也就叫做「人天師範」。

出家人首先要學習的，是如何做一個出塵上士、人天師範，而不是講經、講論的法師，這就是出家的基本心態。有的人會說：「我已經出家了，我已經出塵了！」這麼說是不知慚愧！不要以為出了家、換了衣服、剃了頭，離開自己的家庭，就是出塵，你只是樣子出塵罷了！樣子出塵，就是第二種——「和樣」。能夠舉行儀式、送往迎來，舉手投足威儀整齊也不錯，讓人覺得這是一個出家人。不過這種人在外表上看不出他有煩惱，但他自己一個人時，還是會發發脾氣、生生悶氣。

曾經有一位威儀相當好的法師，跟人相處的時候，往往給人一種非常厚道的感覺，但事實上，他內心很痛苦，常常掙扎，無法疏通，我就曾無意間看過他撕報紙、撕東西以發洩情緒。撕報紙雖然不好，也有點荒謬，但是當內心有了衝突的時候，撕報紙還是比跟人吵架、吼罵，甚至於動手好一些；出了家要顧及威儀，當然不能跟人吼罵或動手。

另外還有一次，我看到一位年輕法師和一位老居士吵架，住持老和尚明明看到了，卻轉身回到自己的房間。而吵架的這兩個人，也都看到了住持，他們希望住持老和尚能夠聽到他們吵些什麼，為他們評評理。所以，兩人就跑到老和尚的房間門口大聲地吵，呼來喝去地要爭出個理由來，但是老和尚就是不出來，也不管他們。吵到後來，那位年輕的法師還扯著嗓門說：「老和尚怎麼了？我們講話他都聽不到了！」老和尚還是沒有回應，結果，他們兩人沒有吵出一個你是我非來，但因為沒趣也就不吵了。

事情過後，那位老居士再去問老和尚：「師父，您那時沒有聽到我們在吵架嗎？」老和尚回答：「我只聽到有人在我的門外念佛、念法、念僧。」所以，他不是沒有聽到，只是聽到的是念佛、念法、念僧！這個故事就是要告訴我們，威儀雖然非常重要，但是內心更重要；如果內心實在沒有辦法，威儀還是要先學好，至少先學好「和樣」——和尚的樣子，威儀整齊。

威儀是練心的基本功

威儀能夠讓人起信，甚至不用開口說佛法，就已足夠讓人生起信心。譬如舍利弗和目犍連出家學佛的因緣，就是看到佛陀的一個弟子——馬勝比丘的威儀。兩人覺得有這麼好威儀的人，他本身一定有很深的道理，便問馬勝比丘他的老師是何人？馬勝比丘答說他的師父是釋迦牟尼佛，結果他們兩人就皈依了佛陀。

反之亦然，有一次我看見一位居士到一個寺廟裡，很虔誠地祈請方丈和尚為他舉行皈依儀式。儀式結束後，方丈和尚下座禮完佛要回座時，順腳將拜墊踢到旁邊，這位居士當下就變了臉色，結果師父不叫了，供養也不供養了，掉頭就走了。居士們看的就是法師的威儀，要移墊子，可以自己用手移，或是請人幫忙移，直接用腳去踢的動作實在太粗魯了，並不如法。

講這個例子是要告訴你們：我們出家人在心沒有調好以前，至少先要調好語言和身體的行為。所謂口儀，譬如有的人嗓門很大，不管有沒有人，距離近或遠，講話都很大聲，台灣話叫「大聲公」，這個習氣不好。

如果某個人要出門了，但有要事一定要叫他回來，那也不能用吼的，可以用追的。不過，也不能像追強盜、土匪那樣的追法。實在走遠了，那也沒關係，可以打電話請他回來。所以，不應該大聲叫嚷。

還有，不要有事沒事就在一邊聊天，嘴巴像「鉿子」一樣響個不停。鉿子是一種法器，它的造型是兩片，一敲起來就像兩片嘴皮，劈霹啪、劈霹啪不停地講話一樣。所以，我們形容人好講話為「充鉿子」。沒事閒聊天除了浪費時間外，還容易惹是生非。所以，沒事的時候要常念阿彌陀佛、觀音菩薩，盡量先把五堂功課背好。

另外是身儀，無論行住坐臥，穿衣、吃飯或拜佛，都有它應有的樣子，這些都要注意。威儀能夠收斂我們的放逸心，有時候我們的身體放逸了還不知道，身體放逸了就表示心也在放逸，心沒有好好地照顧身體。身體和心要經常保持著平衡、平穩，坐要有坐相，不能四仰八岔、翹起二郎腿，或是抖腳。走路的時候，不要勾肩搭背，也不要手牽手地走，除非對方是殘障、有病的人或老人，因為走不動才要扶著他走。

曾經有一位居士看到一位法師抱著另一位法師的肩頭講話，這位居士就問我師公：「老和尚啊！這兩位年輕的法師出家多久了？」問這句話的意思就是說，新出家的人因為俗氣重，才會像在家人一樣抱肩頭講話，要是真懂得威儀，是不應該有這種動作的。

還有吃飯的時候，要「龍含珠」、「鳳點頭」，但有的人覺得肚子已經好餓了，還要拿著碗吃很累也很拘束，於是往桌上一趴，這是十分沒有威儀的。或許有人會問：「有了這些規矩，就能成佛嗎？就能開悟嗎？就能去煩惱嗎？」其實會問這種問題的人，是因為習氣太重改不過來，於是就說：「我是來練心、除煩惱的，你不教我如何除煩惱，卻專門教這些小枝小節，不准我這樣、不准我那樣，這些繁文縟節我不想做！」

現在我告訴大家，出家人在五夏之內，要學的就是律儀。律是規範，儀是儀表、儀態、儀式，這就是威儀。出家人一定要把威儀學好，至少做到「和樣」。這樣人家不會罵我們佛教，三寶也不會因為我們而蒙羞。

眞正的威儀建立在心儀

清朝有一位頗具文采的文人叫鄭板橋，他曾講過一句滿中肯、也滿重的話。他說：「秀才是孔夫子的罪人，和尚是釋迦牟尼佛的罪人。」為什麼和尚是釋迦牟尼佛的罪人呢？因為佛教會遭人批評，主要就是因為出家人沒有威儀、水準低，沒有道心，也沒有道行。沒有學問倒是其次，古代有很多高僧並沒有多大的學問，但是卻有很大的感化力，之所以如此，一者是因為行為舉止的威儀，一者是因為他們的心儀比一般人好。

有人說：「人要衣裝，佛要金裝。」好像一定要穿質料好、款式好的漂亮衣服才有威儀，才能讓人看得起，是不是這樣子？其實不然，佛的光是因為他的慈悲、智慧，他的威德自在，人家一看就覺得好像有光，因此我們常常把佛像裝金。所以，我們要注意威儀，並不是要穿的料子好、款式好，才有威儀。

印度有一位近代大人物，叫做聖雄甘地，無論到哪個地方都是披一塊布、赤著腳。有一次，他到英國見英國女王，本來進皇宮一定要穿大禮服，但甘地說：「我的大禮服就是這樣，如果女王要我進去我就進去，不要我進去我就不進去。」有人就說：「您這樣很不禮貌，只披一塊布，又赤著腳，好像赤身露體一樣。我們給您一雙鞋子、一套西裝，就請您換上吧！」他說：「我不要，這個就是我甘地。」雖然如此，女王後來還是接見了他。所以，我們注意儀表，並不是在於自己的服裝，而是在於我們的儀態、態度。

還有，諸位男眾們，希望你們的鬍子不要留得太長；女眾們的頭髮也是不要留得太長，頭髮要整齊、簡單，洗頭、整理時就很方便。另外，衣服不要弄得髒髒、皺皺、臭臭的，如果出坡流汗弄髒了，就要更換；穿破了也要趕快補，不要邋邋遢遢的。如果衣服不夠穿了，可以申請，衣服太多則要交出來，否則也是麻煩。你們房間裡的私人物品要盡量減少，你們是來出家的，不是帶著嫁妝出嫁的，每天需要用的夠用就好，多出來的東西全部把它布施掉。

還有，請你們不要貪心地收集書籍，不要看到喜歡的書籍就想要，我們圖書館有相當豐富的書籍，所以請你們私人不要買書、藏書，否則兩年下來，寮房恐怕要變成藏書館了。而我們規定半年要換一次寮房，目的就是要讓你們不會產生佔有心，房間是公有的。總之，東西一定是要簡單、要少，東西愈多愈不好。

今天利用這機會和大家分享這些生活裡的小枝小節，雖是小枝小節，卻是相當重要。諸位做不成和尚，至少也要做個和樣，千萬不要做「和闖」，至少「和樣」的威儀是好的，還能裝點三寶的門面，沒有做什麼易受人譏嫌的事。而「和闖」是闖蕩江湖、招搖闖騙、裝模作怪，騙人家來供養你、布施你，這是佛教的敗類，是釋迦牟尼佛的罪人。

另外，我也要強調一下，因為我們同住一個山上，有時男眾跟男眾、女眾跟女眾，或者是男眾跟女眾之間，是需要互動的。但不管是男眾或女眾，住同一間寮房或同一個班，或者經常在一起，請你們不要營私結黨。僧團之中，每一位菩薩都是我們的同學伴侶，都要平等地看待照顧，當有人需要照顧時，我們就照顧他；有人需要幫忙時，我們就幫忙他。

還有，山上因為法師人數少，同學們必須自己照顧自己，也因此我們有班長、副班長等幹部。幹部是幫助法師來為大家服務的人，他們不是做官的，階級沒有比你們大，也沒有得到比你們更多的什麼優待好處，我們法師們看待諸位也完全是平等的。班級裡的幹部是為你們服務的菩薩，他們反而要犧牲私人的時間，花許多心力照顧大家的生活。譬如在平常生活中，法師們就常常找班長來交代一些事，然後再由班長轉達給你們。因此，請大家要體諒擔任幹部的同學。

出了家，我們應該要懂得感恩幹部對我們的照顧與服務。身為幹部的人，也要感恩有機會讓自己來服務大眾。幹部看諸位是菩薩、菩薩看幹部也是菩薩，這樣大家就會很和樂。你們除了自己要服務自己之外，還要練習著如何照顧常住、如何照顧僧團。

（講於二〇〇三年三月四日出家體驗班「出家心行」）

將佛法融入生命與生活

諸位既然來參加僧伽大學佛學院的新生講習，在心態上就要知道自己是來出家的，目的是練習做一個標準的出家人。雖然目前你們不知該如何成為一個出家人，但進入佛學院之後，你們漸漸就能夠瞭解出家人應該要有怎麼樣的心態，以及怎麼樣的生活方式、生活型態。

出家人的心態及形態，你們要清楚。心態，包含觀念和態度兩方面；形態，則包括語言及肢體動作的表達，也就是身、口、意三儀都要像個出家人的樣子。出家人的身、口、意三儀和在家人不一樣，同樣是人，但是在家人想的大都是顛倒見，因為知見上的顛倒，所以常常會起煩惱，造生死業。

知見的顛倒主要是出於沒有智慧、沒有慈悲心，所以讓自己煩惱、也讓別人煩惱。出家人不應該如此，我們所想的應該是正見，就是菩提心、出離心，因此是解脫業。而且，在解脫業之上要進一步發菩提心、學成佛之道，也就是要行菩薩道。

你們初進學院的時候，首先在穿著上，設計得和出家人有一點點相像，至少顏色是相同的，這是為了讓大家取得身分上的認同；而在生活方式上，則是讓大家過出家人的生活，以瞭解出家的生活型態；之後，就是要讓大家養成出家人的心態，真正做一個出家人。

《新生講習手冊》的第一頁，有悲、智、和、敬四個字，那是僧大的校訓。在生活中，不管你是一個人，還是與其他人相處，或是參與團體的運作，都不能夠離開這四個字。這四個字可以用四句話來解釋，就是：「以慈悲關懷人」、「以智慧處理事」、「以和樂同生活」、「以尊敬相對待」。

以慈悲關懷人

首先，「以慈悲關懷人」，也就是關懷他人的意思，句中所說的「人」是指自己以外的所有人。我們不要老是要求別人的關懷，而要主動關懷別人。

曾經有一個學生在我們中華佛學研究所讀了三年的書，因為我叫不出他的名字，因此很失望地對我說：「師父，我做了您三年的學生，您還不記得我的名字，表示您一點也沒有關心我。」面孔我是認識，但就是叫不出名字，這不代表我不關心他，我是平等地關心，而不是個別的、一個一個地關心。

過去我因為常常和學生在一起，所以學生很容易感受到我的關懷。但是，現在佛研所的同學在三年之間能夠見到我的機會很少，每個學期一次「創辦人時間」，第一年、第二年他們滿乖的還會來，到了第三年就不一定來了。因為見面的機會少，所以叫不出名字來。可是當初佛研所是我想辦法募款找老師、找種種資源才成立的，說我沒有關心好像也不是。但是，他們感覺我沒有關懷他們。

你們諸位也一樣，我是院長，你們要我常常關懷你們、常常跟你們在一起，那是不可能的。而且，應該是你們要來關懷師父、關心老和尚吧！更何況我是關懷你們的，只要有機會，我經常會問副院長、問學務、教務和其他的法師：「同學們的狀況怎麼樣？」雖然我無法一個一個去問你們：「學業怎麼樣？」「身體怎麼樣？」但我是關懷你們的。

今天有一個佛研所的新生，早上起來散步爬山，正好我也去爬山，他一看到我就說：「師父，我十年前就皈依您，您根本就不知道我是誰，對不對？」我是不知道。他說：「十年了，我考試進了佛研所，師父都還不認識我，今天真有福氣，在路上遇到您了，好高興呀！」這位學生很高興地和我爬了一個小時的山，他說：「我終究是跟師父在一起了！」好像之前我跟他距離好遠的樣子。

我常常這麼說：「我出家學佛那麼久，我是隨佛出家的，釋迦牟尼佛也從沒有來關心過我呀！」雖然釋迦牟尼佛從來沒有關心我，但是我天天都在用佛的遺教、佛的智慧來幫助自己、幫助別人。釋迦牟尼佛不需要用他的身體來關懷我，因為從他的法、他的智慧，我們已經受到很多的恩德和關懷。感恩佛，所以要使佛的法常住在世間，這就是報佛恩。所以，我們要關懷人，要以慈悲心關懷所有的人，用像佛那樣的慈悲來關懷所有的人。如果你用慈悲心關懷人的話，你一定會覺得非常充實、非常有福氣。

如果你老是等待人家的關懷，你一定覺得非常無奈、也非常可憐，到最後不是批評這個、就是批評那個，認為大家都不慈悲：「沒有人知道我的困難！」「我有了問題，沒有人替我解決！」「這地方大家都不慈悲！」「法師不慈悲！同學不慈悲！」「師父根本就不知道我們，我們是死、是活，他根本不知道！」這樣的話，你的煩惱就會很重，你就會準備回去了，因為你覺得在這個地方得不到關懷。

自己不用慈悲心關懷人，而希望別人用慈悲心來關懷你，到頭來你一定會很失望。如果自己用慈悲心關懷人，你會覺得很幸運、很充實。慈悲心不是婆婆媽媽、牽牽掛掛、成群結黨，也不是施小惠、拉關係，慈悲心是看到需要我協助的人，就去協助他。但並不是說，他有困難我幫助他，等到我有困難，他就非要來幫助我。最後你幫助我、我幫助你，兩人的感情變得很好，再也分不開了，成為生死同參，如果變成這樣，那就糟糕了。這種狀況在家人常常發生，叫做「結盟」，但是我們出家人不能如此，出家人是以慈悲心幫助人，不能有期望他人回報的念頭。

其實懂得關懷他人的人，一定是健康的。譬如有的人身體好、有的人身體差，有的人頭腦好、有的人頭腦差，可是即使身體差一點，但是能夠關懷人，你的心理一定是健康的，心情是快樂的；即使你的頭腦不是那麼聰明，但能夠關懷人，你就不會覺得自己很窩囊。

以智慧處理事

第二，「以智慧處理事」，智慧不是知識、不是經驗，也不是學問，而是基於慈悲心，應該怎麼處理就怎麼處理，應該怎麼做就怎麼做，不要把「自我」放進去考量。譬如現在你們在這裡當學生，你們如果先考慮到成績好不好，先考慮到老師或者師父對你的印象好不好，先考慮到自己將來出路會怎樣，如果只考慮到這些，把「自我」擺在前面，用這種心態處理事情，結果一定不好，因為這不是「以智慧處理事」，而是以自私心來處理事，是以自己的主觀立場來處理事。

以和樂同生活

第三，「以和樂同生活」，我們出家人的生活講「六和敬」——身和同住、口和無諍、意和同悅、戒和同修、見和同解、利和同均，要成為「六和合僧」。通常我們都是要求別人來跟自己「和」，這是不對的，應該是自己要跟別人「和」。可是如果有人把你當成仇人、當成怪人、當成嫉妒的對象，或者是看不起你：「像這樣的人，怎麼夠資格跟我做朋友！」「奇怪了，像這樣的人，也能進僧大。」「像這樣的人坐我隔壁，真是丟臉！」遇到這種人，你還是要跟他和，他跟你和不和，不管他，至少你這一邊沒有這種苦。

如果兩個人發生口舌，因意見不相同，發生了一些誤會，那就趕快念一句「以和樂同生活」，因為彼此之間不和，就會產生不快樂。如果他那一邊無論如何就是不快樂，那你這一邊最好是要快樂；但如果他已經很不喜歡你了，你還表現得很快樂的樣子，有時會使得他更難過，因為他會想：「這傢伙真無恥，我已經氣他氣得要死，他還那麼快樂！」如果真是這樣，你不要把他當做仇人，也不要老是故意去找他，你不故意去找他就沒有事了。還有，要尊敬他，這就是接下來要講的，「以尊敬相對待」。

以尊敬相對待

第四，「以尊敬相對待」，雖然有的人智能、體能較差，或者習慣、習性很奇怪，我們還是要尊敬他，尊敬他是現在的菩薩、未來的佛。因為他現身說法，表現得那麼差勁，成為一面鏡子，讓我們反省；如果他是一位非常有道心的人，我們更要尊敬，因為他能夠激勵我們修行。

所以，如果有同學威儀不整、口不擇言、常常遲到早退，或者常常溜出去吃一碗麵，或是其他花樣的話，你們不要學他，也不要恨他，而是要勸勉他，關懷、尊敬他是一位菩薩。你們彼此之間要尊敬關懷、互相照顧，能夠尊敬相待，就能夠和樂相處。

「以慈悲關懷人、以智慧處理事、以和樂同生活、以尊敬相對待」，你們彼此要用這四句話來互相勉勵，並且要朗朗上口，以便隨時隨地運用。例如看到同學發生了不愉快，就說：「以和樂同生活」；看到某甲在批評某乙時，就說：「以尊敬相對待」；看到有人發生問題沒有人照顧，就要「以慈悲關懷人」；看到某人真糟糕、真不像話，這時就要「以智慧處理事」。

生活即修行

生活就是修行，可分成兩個層面，一個是照顧我們自己環境裡的事務，一個是大家共同發心處理大眾的事務。不要認為來僧大就是來讀書的，讀書讀到柴米油鹽都不曉得，常住的事務不關心，那就成為一個懶比丘、懶比丘尼了！正應了過去人的看法：「出家人是懶人！」過去的人看不起出家人，認為出家人就是一個「懶」字，只有懶人才出家。但是，出家人應該是為人服務的，要養成為大眾服務的習慣，這才叫做有道心。道心，是成就他人，在成就他人的時候，自己一定會得到更多的成長、更多的利益。

我記得有一屆佛研所，也就是惠敏法師那一屆，因為班上有一個會照顧人的惠敏法師，他同班的同學都受到他的照顧。結果今天的惠敏法師，是我們僧大的副院長、台北藝術大學的教務長兼共同科主任，佛研所的副所長，因為他願意關懷人、照顧人、成就人，所以他的成就也最大。有道心、有慈悲心的人，自己一定是成就最快的。

因此，我一向勉勵佛研所的同學，要「道心第一、健康第二、學問第三」。讀書的人、做研究的人、做學生的人，如果沒有好的身體、沒有健康的心，書是讀不好的，即使讀了也等於沒有用。譬如我自己的身體不是很好，讀書的時候常常有一些小病，可是我的心理很健康，身體也沒有壞到老是要請假。

如果心裡常常「以慈悲關懷人、以智慧處理事、以和樂同生活、以尊敬相對待」，你的心是健康的，你的身體也不會差到哪裡去。最糟糕的是，心裡老是覺得不平衡，老是覺得不能適應，老是覺得「這個環境怎麼這麼差勁！」「為什麼不改變？」「為什麼不改善？」如果常常有這種念頭的話，你的身體一定不會好，因為心不健康，身體也不會好。在這種情況下，很難把書讀得好，就是讀了也是個書呆子，只能模仿老師教的，下次也只會拿著課本照本宣科，結果課本是課本、自己是自己。

我們學佛的人，就是要讓佛法和我們的生命相結合，否則書本就只是書本，就算你能夠寫、能夠講，那也只是書本上的知識，與自己的生命不相關，這時候佛法就只是拿來吃飯的工具，或是拿來表示自己不是廢物，能夠講、能夠寫而已，這樣是不健康的心態。一個健康的人應該將聽到的、聽懂的用出來，也就是說，學以致用是我們出家人應該要有的心態，這跟把佛法當做學問來研究的心態，是不一樣的。

我要求佛研所的學生，希望他們能夠「道心第一、健康第二、學問第三」，僧大的同學，你們更是要這樣。雖然學院安排了許多課程，但在這四年之中，我們的目的並不是要諸位成為一位大法師，而是要各位成為一個平平實實、老老實實的出家人。出家人的心態、儀態要養成，然後要有正知正見，把悲、智、和、敬這四個字時時放在心上。做一個像樣的出家人，就不至於辜負自己來出家的初衷，也不會成為佛教的負擔，或者讓父母失望、擔心。

如果來了這裡以後，老是讓你俗家的人操心，常常寫信、打電話告訴他們：「我在這裡真糟糕，熱是熱得要死，冷是冷得要死，吃也吃得不好，睡也睡得不好！同學又不好，老師也不好！法鼓山簡直就是個法鬼山！」這樣子，你的家人一定要你回去。業障重的人，到了我們山上，就是地獄了；相反的，有智慧、有福報的人，會覺得我們山上是淨土。

（講於二〇〇三年八月十九日「新生講習」院長開示）

奉獻自己，成就大眾

法鼓山共同的精神，是「奉獻我們自己，成就社會大眾」，至於出家人的精神是什麼呢？是持戒、精進、忍辱、頭陀行。佛陀時代，有「頭陀第一」之稱的是摩訶迦葉尊者；頭陀行，就是對物質的要求和擁有要盡量澹泊，對名聞利養也是一樣，這就是出家人的精神。

以社會大眾爲奉獻的對象

回溯中國的歷史，包括西藏或是印度的歷史，都曾出現相同的狀況。那就是當佛教受到王公大臣們的尊崇信仰、豐厚供養，然後上行下效，老百姓們也跟著一起供養、護持，佛教因此非常隆盛。

但此時出家人卻漸漸地無所事事，本來應該做的弘化、修行的工作都不做了；甚至演變成腐敗，奔走於權貴之門，籠絡攀緣信徒。到了這種程度，往往也就是佛教要走上滅亡的開始，因為出家人都變成寄生蟲。西藏、中國和印度的法難，都有同樣的狀況。

因此，我們出家人必須要有警覺心，要「奉獻我們自己，成就社會大眾」，從事教育、關懷的工作，對於社會大眾要提供我們的資源：包括佛法的觀念、佛法修行安心的方法。對社會盡一份心力，佛教就不會僅僅是達官貴人的裝飾。

另外，要大家思考的是，弘化工作不只是面對我們的信徒，如果這樣，一代一代的信徒會過去，那佛教也就會消失了。佛教和基督教、天主教、回教、猶太教不太一樣，那些宗教基本上是他們社會的傳統，是世代信仰的，而佛教徒很多是從一般民間信仰的社會大眾衍變成佛教徒，很少有一個家族世世代代信仰佛教。因為佛教不是一個家族的宗教，不是一個民族的宗教，不是一個社會的宗教，而是非常自由的宗教。

所謂「自由」，就是說上一代信佛教，下一代不一定信佛教，以夫妻來說，丈夫信、太太不一定要信，太太信、丈夫不一定要信，是很有包容性的。譬如你們之中，大概只有一、兩個是小時候跟著媽媽信，多半不是從小學佛的。因此，我們所謂的「成就社會大眾」，不僅僅是面對信徒，還包含了非信徒。就這一點來看，我們的責任重大，這一代的出家人如何影響下一代人來出家，然後又如何影響大眾護持三寶，這責任很重大。

請諸位不要想得太天真，說什麼「要信的人自然會信」，不能這麼被動消極，一定要促成大眾來學佛的因緣。如何促成呢？就是要跟他結緣，為他服務，讓他們有親近佛法的因緣。譬如有一位很有名的作家，本來沒有宗教信仰，在她父親往生時我們去關懷、服務，為她父親助念八個小時，讓他們在悲傷中安下心。後來她為如何辦理父親的告別式感到苦惱，因為民間習俗總是吵吵鬧鬧的，有人就建議她不如請一個交響樂團演奏，也有人建議她辦一場舞蹈來紀念，還有人告訴她布置靈堂要講究的東西……，她聽得無所適從。

於是她打電話來請教，我們向她提到另一位藝術創作家的父親往生，我們法鼓山去協助，告別式辦得簡單而隆重，不僅有教育意義，也有文化意義。她說那很好，她想要把告別式辦得簡單隆重而有氣質。因為有了這個因緣，過程中她大概有所感悟，決定等喪事辦好，也要開始學佛了。這就是成就社會大眾、為社會服務的一個例子。

一場盡心盡力的助念、一場莊嚴素雅的告別式，可以讓一家人成了佛教的護法、信徒，無形中也可能影響了他們的親戚、朋友成為佛教徒，開始學佛，這些都是我們要照顧的對象。因此，我們要有服務奉獻的精神，不分有沒有名利或有沒有回饋，就是平等的奉獻社會、服務大眾，這樣佛教才會有生存的空間。

下面，再說出家的精神——頭陀行。頭陀行是指在物質上要盡量地澹泊：對人要慷慨，對自己要嚴苛，但不要嚴苛到使自己食不裹腹、衣不蔽體，變成面黃肌瘦。凡是行頭陀行應該都很健康，因為心中總是開朗愉快，法喜充滿。歡喜自己是出家人，歡喜自己無憂無慮、無牽無掛，凡事盡心盡力而為，也都很長壽。像摩訶迦葉尊者，沒有餓死也沒有凍死，還活到很老。所以，折磨自己不是頭陀行，而是叫做自討苦吃。

我們山上有一位義工老菩薩，九十一歲了，她老人家還天天拿鋤頭在種菜，年輕人看她年紀這麼大了，就把工具藏起來，她就用圓鍬慢慢挖，不急不緩，做一段時間後，就到廚房揀菜、切菜，然後到觀音殿念佛、繞佛、拜佛。她很會利用時間，太陽很大的時候，她不會去菜園；也很會利用空間，本來是長草的地方，她就幫忙種出菜來。這位老人家不求名聞利養，澹泊而與人無爭、與事無爭，一派悠閒自在。

澹泊精進的頭陀精神

精進，也是出家人的精神之所在，除了服務社會大眾之外，生活應該積極有規律，經常照顧道場、照顧人。如果說我們生活不規律、很散漫、不合群、不精進，身體是不會好的。早上不起床，晚上不睡覺，應該上早殿不上早殿，應該動的時候不動，大家在做八式動禪了你還在睡覺，這樣身體不會好。

雖然我們不要被身體所困擾，老是想著這裡病、那裡病的，不過如果身體出了狀況，還是要就醫，否則後果不堪設想。譬如你的眼睛痛，你說：「我是不買帳的，痛吧！我還是用它。」到最後，你的眼睛可能會瞎了；所以，如果身體有狀況，一定要注意，真是有問題了，還是要找醫生。例如我的手肘，不知道是因為寫字，還是過度使用，經常會痛，就是俗稱的「網球肘」，只要我一想到它，它就痛，我不管它、不睬它，就忽略了這個痛。但應該戴護肘時，我也會戴，戴的時候好像好一點，但痛還是痛。

我曾經問一位榮總的醫生，這應該怎麼辦？醫生說他也有這毛病，要我多休息。我就問他：「請問大夫，你休不休息呀？」他說他的業障重，沒有辦法多休息，因為他忙得不得了，要門診，而且是總院、分院兩地跑，還要教書，忙得沒辦法休息。「法師您是出家人，可以休息呀！」他以為我們出家人很清閒沒有事，可以多休息，我就跟他講：「我也是業障重，要我多休息，我也沒有辦法。

能夠幫我改善的就改善，不能改善的就算了，我就是與我的病共生同死了。」沒辦法改善的病，就跟它在一起吧！

總之，我們對身體的照顧，小病不要太在意它，比較嚴重、實在沒有辦法的時候就要看醫生。不過俗話說：「久病成良醫」，病久了、經驗多了、年紀大了，曉得自己的病是什麼狀況，自己應該會照顧。現在我可能比醫生更曉得自己的身體狀況，知道需不需要打針、貼膏藥、吃藥。有人說我這個人老是病，但我就這麼拖過來了，一直拖到現在，我沒有想死，也不怕死，累的時候就休息一下，七十五歲的老人，身體能夠有多好？就是面對它——生、老、病、死，然後接受它、處理它、放下它，這也可以說是我們出家人的精神。

俗話說：「比丘常帶三分病。」這是說生病也是一個助道的因緣，讓你知道病苦是什麼；但是假如比丘、比丘尼常常害病，老是需要他人照顧，這就有點麻煩了。帶病，並不是就要人家來侍候，帶病還是要自己獨立。有病，自己曉得病是苦事，曉得生命無常，應該更精進，更加打起精神來。

出家人有病而被病困擾，那是道心不夠，出家人有病，除了找醫生治療外，就是靠我們的信心。要常發願，常在觀世音菩薩面前慚愧懺悔，然後發大悲願，願眾生都能離苦：「願我能夠奉獻給眾生，奉獻我自己成就眾生，讓眾生離苦。」看到眾生有病，就想到眾生需要幫助。自己有小病，將它視為生老病死的一環，任何人與生俱來都帶著病來的，沒有一個人是百分之百健康。心情經常保持愉快，保持法喜，就不會被病、累等等打倒。身體有一些病都是正常的，不要認為有了病，就不能夠修頭陀行。

（講於二〇〇三年九月二十六日僧伽大學「創辦人時間」）

精神，從力行中體現

這堂課是「精神講話」，這裡所說的「精神」，並不是指體力。像我現在年老體衰，不見得就沒有精神；而身體不好，也不一定等於沒精神，甚至人死亡以後，精神也不一定會消失。

實踐才能體現精神

精神講話主要的功能，是為了提起諸位的心力、信心與道心。諸位每天早上念的「三學研修院」的院訓，實際上就代表我們學院的精神。此外，我們《學僧手冊》裡所記載的各項規約，表現出來的風格就是學風，也是我們的精神。但是，如果只是每天早上念一念「院訓」，即使內容背得滾瓜爛熟，行為如果一點也沒有改善；或者，即使手冊規定得很好，但私底下卻依然我行我素，這樣子算是精神嗎？同樣的，我們的校訓——「悲、智、和、敬」，如果不把它呈現在生活之中，其中的精神也就無法展現。

所以，這些好的規範不是僅僅嘴巴說說就算了，而是要照著去做、去身體力行。如果能這樣，凡是接觸到我們法鼓山僧團的人，就會感受到我們慈悲、智慧、和樂、和敬的道風，這就是精神。也就是說，我們的言行要一致，否則我們的心行跟我們的規範沒有關係，就無法體現精神。因此，真正的「精神」，是從實踐理念，實踐院訓、校訓中體現出來的，否則即使懂得再多，親近過全世界有名的高僧等善知識；或是嘴巴會講一堆佛法，自己的行為無法跟佛法相應，當然也體會不到大善知識的精神。

僧大也好、體驗班也好，辦學宗旨都是要培養佛教的宗教師。

身為出家人，不一定要會用嘴巴講，身體力行最重要，我們的一舉一動、甚至一個表情，都能夠讓人感受到慈悲、智慧，與人和合、能尊敬人的精神，有這種精神就能漸漸感召人。

在釋迦牟尼佛時代，有一位馬勝比丘，威儀堂堂，有一次，舍利弗在路上看到馬勝比丘在托缽，對於他的威儀十分讚歎和羨慕，心想：威儀這麼好的人一定是有道的，就去問他：「你有這麼好的威儀，一定有很深的道，能否教教我呢？」馬勝比丘回答：「我是佛陀的弟子，如果你要學的話，請去跟我的老師學。」就這樣，舍利弗、目犍連就成了佛陀的弟子。而且從此以後，舍利弗只要知道馬勝比丘在哪個方向，他睡覺時一定是面朝那個方向而不背對著馬勝比丘，打從內心裡尊敬他。馬勝比丘並沒有對舍利弗說得天花亂墜，但他的好威儀，讓人感受到其中的精神。

最近我們推行日課表，用它來檢視自己一天的身、口、意三業，這不是一種負擔，而是一項福利和成就，你們應該每天依著日課表上的項目來實踐，就能夠表現出我們法鼓山的精神。不要說，課業很忙，時間很少，所以沒有辦法好好地去實踐日課表，這樣的想法是顛倒。就好像我們的早晚課一樣，日課表是我們的功課，如果一天不做，那就是一天的損失。

以生命延續精神

一個人在世界上能夠影響一、兩個人的一生，那他的精神就是存在著，不一定是當了老師、當了師父，或是轟轟烈烈地做了什麼大事，才叫有精神。譬如早年我有一個弟子——王澤坤居士，你們可能在《我的法門師友》那本書中讀過這段故事。他原是皈依一位老法師，後來因為聽我講經，才稱我為師父。這位居士對我的影響很深遠，當年我決定去日本留學的時候，只要認識我的人都不贊成，認為我去了日本就會還俗。唯有這位王居士非常誠懇地跟我講，他相信我百分之百不會還俗，在我臨走時，還供養我一個紅包。他是退了休的人，家境並不是很好，還給了我一個紅包，雖然金額不是很大，但是對我來講，意義相當深重。

我到了日本以後，有人在我師父面前說了一些是是非非，我的師父因此對我有很多誤會，不斷責問我，甚至到東京來看我。但是這位王居士，他對我真是信心不二。只要他的朋友去日本，他都會託朋友帶小禮物給我。記得有一年冬天，天氣很冷，他就買了很多布料送到文化館，請鑑心法師替我做幾套冬衣，然後交代他的朋友帶到日本給我。這點點滴滴的事情令我終生難忘，甚為感動！所以在他往生之後，我寫了一篇文章悼念他，這在我所寫的追念逝友的悼文中，可以說是最早的一篇。這位王居士的精神，一直到現在都影響著我，而他的兒孫也一直秉承這位老居士的訓示，護持我們法鼓山已幾十年了，因為這位老居士的遺訓交代說：「你們一定要好好護持這位聖嚴師父，他是一位有德的出家人。」

本來我不知道他們一直在護持我們，直到最近，他的孫女兒詢問能否與我見個面，因為她的父母——也就是王澤坤居士的兒子、媳婦，雖然一直護持我們，但因為不好意思來見我，所以始終沒有來皈依，如今她的父母已七十歲了，於是想看看能否來見我。見了面之後我才知道，幾十年來，這位王老居士的兒孫、媳婦一直護持法鼓山。回想起王居士，他總是默默地護持我，他的兒孫秉持著父祖的遺命，也一直默默地護持著我們。雖然他並沒有名，如果我不替他寫一篇紀念文章，在佛教史上可能是不會有人認識他的，但是他影響著我，也影響著他的兒孫。這位老居士的精神，不管是他活著的時候或是往生以後，都是有影響力的。因此，沒有留下名字不是重要的事情，能留下好的精神、有正面的影響力，才是可貴的。

精神就是一種影響的力量，一個人的言行舉止、乃至文章都能影響人，不論是從空間上、還是從時間上影響人，都是精神。如果人們問你：「你的家風是什麼？」一般人可能回答不出來，不過以我個人為例：我的父母都是鄉下人，沒讀過什麼書，也沒有什麼學問，不過我的父親曾講一個比喻，影響我的一生，那就是：「大鴨游大路，小鴨游小路；不游的話，就沒有路。」這就是我的家風，父親給的教訓，影響了自己，乃至與人分享，別人也得到了利益，這就是家風。

（講於二〇〇四年三月十九日僧伽大學「創辦人時間」）

智慧、慈悲與方法

今天是僧伽大學的考生輔導，歡迎諸位菩薩專程來參加。我們這次招生的海報上，有這麼一句標語：「隋唐時代第一流的人才在佛門，二十一世紀的菁英也是。」隋唐之前，是魏晉南北朝戰亂且分裂的時代，接著，隋朝統一了天下，然後就進入唐朝的承平盛世。

我們今天所處的世界是牽一髮而動全身的，如果我們的眼睛只看到台灣這塊彈丸之地，我們就成了井底之蛙。一般來說，雖然我們知道有世界、也知道有台灣，但是對於世界的未來、台灣的未來會怎麼樣，則大都沒有概念。因為今天世界的環境是息息相關的，不論是哪一個地區，不管是好事還是不好的事，狀況發生了，全世界的人都會受它影響，處於世界大環境之內的我們不可能置之度外。

盡形壽，獻生命

譬如美伊戰爭，地點似乎離我們很遠，但是透過媒體的報導，我們就好像是隔了一條河或是一條街，每天看對岸、對街的人在廝殺。諸位不要認為這場戰爭離我們很遠，只要是戰爭，對整個世界大環境都會有很大的影響。

又如最近流行的SARS，來勢洶洶、風聲鶴唳的，全世界的人眼睛都在看著、耳朵都在聽著，都很關心疫情的發展。登上飛機時，乘客乃至空服員的心裡都有疑慮，不知道飛機上是不是有人感染。我昨天從日本回到台灣，通關時，機場人員必須要檢查每個人的體溫，擔心有人受感染，入境後會造成傳染。從這件事情也可以看出，任何事情的發生，其實都和我們每一個個人息息相關。

不知道你們有沒有思考過：二十一世紀的人類要何去何從？地球又會變成怎麼樣？關於這問題，我很憂心。我們人類往往只知道征服，如果這種觀念再不改變，不用再等六億年或是五千年，我們的地球很快就會毀滅；如果觀念能夠改變的話，相信地球再維持幾十億年的時間也沒有問題。

昨天我在日本出席世界宗教領袖理事會，一位從非洲肯亞地區來的部長和我談到戰爭的問題。我說戰爭的起因其實很單純，主要是因為雙方都沒有安全感。美國怕恐怖分子，稱那些支持恐怖分子的國家，像伊拉克、伊朗、北韓、敘利亞等國，是極端的流氓國家。為了不讓恐怖分子有機會到美國境內製造混亂和不安，於是就先在他們自己國內把他們處理掉。而伊拉克表面上雖然很強硬，但其實很弱，所以十分沒有安全感，特別是海珊（Saddan Hussein），他只是賭一下，用強硬的態度來保護自己，結果國家就跟著完了。如果伊拉克不是那麼強硬，美國不會打它，而美國本身也沒有安全感，所以要打它。可見這都是因為雙方沒有安全感，為了保護自己的安全，才有這樣的結果。

心安定才能影響他人

因此安心很重要，我們的心能夠安定，就能影響其他人，其他人的心安定了，則又可以影響更多人。如果是一個對世界有影響力的人，那能影響的人又更多。雖然我不是一個很有用的人，但是還算有一些影響力。可是，一根木頭沒有辦法蓋一棟大房子，一定要有許多的木頭或樑柱，才能建造大房子。因此，我說：「二十一世紀需要用佛法的觀念、佛法的方法來建設我們這個世界，而二十一世紀最優秀的人才，應該投入佛教。」

投入佛教的方法有很多，可以是在家，也可以是出家。但是在家人的影響力不如出家人，因為在家人的時間沒辦法全部投入佛法的救濟工作，而出家人則能將全部的時間奉獻出來自利利人，因此他的影響力一方面能夠持久，一方面能廣大。譬如我今年七十多歲了，如果我是居士、在家人，應該已是兒孫滿堂、含飴弄孫，或者要頤養天年了；但因為我是一個出家人，我沒有考慮到年齡的問題，也沒有想到是不是應該要退休了，或者是要養老享福了，心裡想的只有「盡形壽，獻生命」。

出離煩惱的家

現在我們要救世界、要救人類的未來，只有三個條件：一個是「要有智慧」、一個是「要有慈悲」，另外一個則是「要有方法」；

這可以說就是孔夫子說的智、仁、勇。可是，一談到勇，就好像要打仗似的，但我認為「毅力」才是真正的勇。真正的勇是堅持的毅力，以不變的願力、毅力來使自己有智慧、有慈悲。

佛法的智慧能夠讓我們的心胸開闊，不會只著眼於眼前個人的問題，而是以整體來考量該如何借力使力處理問題。慈悲，則不會怨恨，或者想要征服、對付他人，而是真的想解決問題。有智慧，自己的煩惱就會少一些；有慈悲，對於他人以及社會環境的怨恨、對立會少一些，甚至於沒有對立、沒有怨恨。

要做到這些，只有一個字，那就是「愛」，但是「愛」可以有許多的解釋，所以我們用「慈悲」比較好，「慈悲」比「愛」字的涵義更明確。此外，還要有方法；方法就是能讓自己的心境隨時平和下來，而且也能幫助他人隨時平和下來的方式。

現在出家人的工作已經和過去不同了，過去的出家人，譬如我的上一代或是平輩，大都就是在寺廟裡敲木魚、念經。我們現在雖然也敲木魚、念經，還應時時刻刻想到世界的問題、人類的問題、眾生的問題。我們不能置身事外，只要世間有問題，遇到了大災難、大狀況，為了讓人心能夠安定，我們應該要積極地參與、投入；安定人心的工作，是我們責無旁貸的事。

記得九二一大地震的時候，全台灣的人都非常恐懼，那時候最需要的就是安定，所以我在電視、報紙上，不斷用佛法的智慧與慈悲來安定人心，為大家祈福。我為生者祈福，也為亡者祈福，不過最主要的還是那些活著的人，因為亡者已矣，最苦的還是活著的人。

過去的出家人主要是為死者念經超度，而現在的出家人應該多為活著的人安心，為活著的人指出一條路來，這是我們出家人應該負起的責任。

今天的談話，我主要講的重點是：如果我們要給自己、社會，乃至於整個世界的未來一個希望的話，最好是出家，但出家並非僅是把頭一剃、衣服一換就好了，而是要出離煩惱的家，讓自己能投入，也引領其他人得到真正的平安幸福。現在經濟不景氣，很多人有失業的痛苦，其實失業本身並沒有那麼痛苦，主要是因為觀念不能調整，所以才會覺得很痛苦。

昨天我看到報紙上一則新聞，有一位先生抱著他的女兒在天橋上要跳橋自殺，因為他失業了，再加上種種的不如意，於是產生沒有前途的沮喪和懷才不遇的忿忿不滿，種種情緒逼使他走向絕路。事實上有那麼絕望嗎？其實我們遇到任何問題，只要面對現實去處理它，難關就會過去。不要恐嚇自己，也不要恐嚇他人；要讓自己快樂，也讓他人快樂。

我希望諸位同學一起為二十一世紀的人類努力。我算是二十世紀的人，二十一世紀人類的和平與幸福，希望你們諸位菩薩、諸位同學能共同來承擔。二十世紀人類的苦難已經夠多了，希望二十一世紀的人類能有佛法，而不要有那麼多苦難。

（講於二〇〇三年四月十二日僧伽大學「考生輔導」）

珍惜出家的福德因緣

歡迎諸位菩薩來參加我們第二屆的出家生活體驗班，一年之後，各位將正式進入僧才養成班學習。去年此時，我也曾在體驗班「新生講習」中講過話，時間過得很快，又過了一年，今天我想和諸位講幾個觀念。

第一：出家一定比在家好

這意思並不是說，出家人一定比在家人好，而是說，出家一定比在家好，因為出家是放下自我，成就大眾。唯有能夠放下自我的人，煩惱是最輕的，也唯有能夠成就大眾的人，生命才是最有意義的。從歷史上看，凡是那些不以自我為中心，或是為人設想愈多、奉獻愈多的人，皆是最偉大的人，我們稱呼這類人為「要人」。

「要人」是什麼意思？「要」是重要的意思，為什麼重要？因為許多人需要他，所以就顯得重要。如果是一個自私自利的人，許多人都討厭他，那就不是「要人」。總歸一句，如何讓自己的生命有意義？出家是很好的選擇。

第二：雖辭親出家，仍會盡孝道與責任照顧家人，並非棄而不顧

許多父母認為子女出家，比往生還令人難以接受。他們寧可接受自己的兒女往生，也不願意讓兒女出家。因為如果子女往生，至少不用再為他們操心，不會再有什麼牽掛；可是子女出了家，變成孤苦伶仃、無人照顧，最後還是得為子女掛心一輩子。一般人可能有這樣錯誤的想法。

其實，出家人既然離開俗家，對俗家的財產不會存有非分之想，不但不會像在家人一樣，想要爭父母的錢財而讓父母操心，反而還會照顧父母、親人。父母健康，能夠照顧自己是最好，否則有俗家的兄弟姊妹能夠照顧父母也很好。可是如果俗家沒有人可以照顧，父母沒有人依靠的時候，我們出家人是最可以依靠的。出家人除了自己以外，還有信徒、弟子，可以一起來照顧年老、生病的親人和父母，我們會盡兒女應盡的孝道與責任。

出家人因為出家了，對於男女愛情、父母親情，還有與子女之間的親情等俗情，全部都擺下，沒有牽掛，也沒有期待。我們不會期待父母給我們什麼、期待親人給我們什麼，因為出家就是將自己奉獻給三寶、奉獻給眾生，出家後三寶會照顧我們，僧團會照顧我們，一切眾生需要我們，就會照顧我們。

譬如我現在老了，沒有親人照顧，但是只要自己有道心，就用不著擔心。我在日本的一位老師曾勉勵我說：「衣食之中無道心，道心之中有衣食。」我們出家人只要能修行，就不怕沒衣食。靠修行讓自我中心的心少一些，讓奉獻的心多一些，這就是道心。

第三：現在是出家最適當的時機

在過去，出家人在社會上沒有地位，多半是沒有生活的技能，沒有立身處世的能力，所以只好做做廟祝之類的工作，照顧廟裡的香火，或是趕經懺、做超度，靠山吃山、靠神吃神，也就是所謂的「吃香火」。這種出家人，消極、逃避現實，讓人家看不起。

而現在的出家人，大都是做服務社會的事業，不論是社會關懷的慈善事業或是教育文化事業，或是法鼓山正在做的精神昇華的事業。雖然現代出家人的素質良莠不齊，但大體而言，出家人的品質是優秀的，水準已大為提昇，都對社會極有貢獻，普遍受到社會肯定。

我在像你們這般年齡的時候，也就是三十多年前，一般人是看不起出家人的。例如我在上海的馬路上走，人家一看到我，特別是早上，差一點就要把痰吐到我的臉上了，為什麼？因為一早就看到一個空門、一個光頭，對他們來說是壞兆頭。光頭就是光了、沒有了，空門也是全部都空了，什麼也沒有了，因此那時候的出家人，受人歧視、看不起。

後來我到了台灣，在東初老人的座下第二度出家，有一回我走在北投街上，四處看看，就馬上有警察來找我問話：「請問你是做什麼的？」

我說：「我是個和尚。」

他說：「和尚怎麼東看西看，你是不是做情報的？」

我說：「我就住在這山上，山上的老和尚是我的師父。」

他說：「真的？那我要打電話確定一下。」

他打電話問：「現在有一個和尚在山下，是不是你那裡的和尚？」

我的師父說：「是我的徒弟。」

他說：「好，以後叫他不要東看西看，走路就走路。」

我說：「我剛剛從高雄回來，只是看一看有什麼變化。」

沒想到警察又問：「你到高雄去做什麼？」

而且，那時候地方上的人也瞧不起和尚。有一次我到北投街上一間藥房買一瓶眼藥，藥房老闆愛睬不睬地，好像我不會給他錢一樣。他問：「你買這個眼藥做什麼？」我說：「我要用。」他又問：「你的眼睛好好的，為什麼要買眼藥？」我說：「你賣不賣眼藥？」他竟回說：「我們是賣給有病的人，我看你是不正常。」後來，我只好到另外一間藥房買。那時，就是有這樣的情形。

當我去日本留學的時候，日本和尚雖然不是真正的出家人，可是他們都受到恭敬的對待。其實，日本和尚是住在寺院裡的在家居士，相當於基督教牧師，並不是真正的僧侶，但他們是受到尊敬的，因為他們都受過相當好的教育，對社會也起了服務的功能及模範的作用。那時候我很羨慕他們，但並不是羨慕他們有太太，也不是羨慕他們是在家人，而是羨慕他們受到社會的尊重。

又有一次，當我們法鼓山的山徽設計出來以後，那時候有很多人把它貼在車子的後窗。很有趣的是，有一次我看到有一輛車，正好貼有我們法鼓山的山徽，我想這一定是我們的信徒，就過去向他打招呼。我說：「你是我們法鼓山的人嗎？」他說：「你這個和尚做什麼？」我說：「我看你貼了一個法鼓山的山徽，大概是我們法鼓山的信徒。」「不是，我不信佛。」我說：「你後面不是貼了這麼一個標誌嗎？」「這個牌子是叫人家不要撞我。」所以，他不認識我是法鼓山的負責人，而他也不信佛，他貼法鼓山的山徽，是把它當作「STOP！」用。這大概是十二、三年前的事，現在應該不會發生這樣的狀況。

現在台灣的出家人，水準已漸漸地提高，特別是幾個大團體的出家人，都有很高的水準，而且對社會也都很有奉獻，形象都非常清新。一提起法鼓山、佛光山、慈濟功德會，大家都會刮目相看。而且遇到出家人，一般人也都懂得合掌或恭敬地稱念「阿彌陀佛」問候。這就是說，現在的出家人和過去的出家人不一樣，現在的出家人正好是現在社會所需要的，也正是佛教所需要的，為社會所需、為佛教所需，所以受重視。

在釋迦牟尼佛時代也是這樣：出家人行化人間、托缽化緣的時候，就是在做關懷、教育的工作。佛陀處處去說法，處處去關懷，他的弟子們也學習佛陀的精神，照著去做普化的工作。現在台灣的佛教僧團，已經漸漸回歸佛陀時代的人間化比丘形象，所以我認為，現在來出家是正好時機。

第四：到法鼓山出家，是最有智慧，也最有福報

法鼓山是一個教育的團體，我們要將法鼓山建設成為一個現代化、國際化的佛教教育園區，雖然我們山上的建設還在進行，可是僧大已經創校三年，體驗班今年則是第二年招生，佛研所已經二十五年，我們就等著法鼓山的硬體建設好了以後，就可配合軟體的規畫。而你們來的正是時候，目前我們正需要三大教育的建設人才。

你們選擇到法鼓山是有智慧、有福報的，因為這個地方是一個教育園區，是專門培養現代化佛教教育人才的地方。我們希望培養的教育人才分成三大類：一類是大學院教育，一類是大普化教育，另一類則是大關懷教育。你們每一個人，無論在家時學歷或高或

低，只要進到法鼓山之後好好學習，就是一個終身受教育，終身從事教育的一位菩薩行者。所以說，選擇到法鼓山來是有智慧的，同時也是有福報的。

法鼓山道場並不僅僅是法鼓山這麼一個小小的範圍，而是有法鼓山理念推行的地方，那個地方就是我們法鼓山的所在地。受法鼓山理念所影響的人，是無法估計的，因為即使只是運用一句話、一本書、一個觀念、一種方法，幫助他們在人生旅途中能夠安身立命，能夠達到自己的人生目標和方向，就是法鼓山教育的成效。所以，我們做的是自利利人的工作，將來需要我們的地方太多太多，我們不愁沒有地方安身立命，不擔心沒有場所讓我們來奉獻。

諸位菩薩，要好好把握你的生命，好好地學習，好好地奉獻。你們能夠「奉獻自己，成就社會大眾」的時間能有多少年呢？就二十幾歲的人來說，好像時間滿長的，但其實很短。記得我二十多歲並不是多久之前的事，一下子現在就七十五歲了。我的師父他老人家七十歲往生以前跟我講：「聖嚴，二十年以後，你也跟我一樣。」

現在二十年已經過了，我快要跟我的師父一樣了。但是，你們也不要擔心：「師父，我一來，你就不在了。」你們不要想得這麼可怕，我盡形壽、獻生命，法鼓山這個道場也把你們未來的路開拓得順暢、光明而遠大，所以你們可以安心地在此學習，自利利人。

我們這個道場訓練出來的人有兩個重點，一個是自己少煩少惱，第二個是幫助他人少煩少惱，也就是我們法鼓山的理念——「提昇人的品質，建設人間淨土」。請諸位珍惜、感恩自己有這樣的福德因緣、有這樣的智慧，能夠來到法鼓山發心出家。在二十一世紀的這個時候，正好是出家的時代，而來法鼓山出家是很有智慧和福報的人。

出家的生活型態、心態以及儀態

接下來，我要跟諸位講出家人首先要學習的生活型態、心態以及儀態。出家人早起早睡，沒有假期。不像現在的在家居士，一個星期工作五天、休息兩天，真有福氣。但是他們工作時緊張拚命地工作，休息時也緊張拚命地休息；而他們所謂的休息，就是吃喝玩樂，他們認為那是調劑生活，事實上是找刺激，這就是在家居士的生活型態。我們出家人，平常就要與佛法相應，與佛法相應的生活沒有壓力，所以工作雖然忙，但我們沒有要證明什麼，也沒有要跟人家爭上爭下、爭功諉過。

我們的忙碌是精進，而不是競爭。所以，不要有比大小、比高下的心態，譬如「我一定要比某人強一點」、「我絕對不做最後一名」……等，把別人當成比較的對象便是競爭；精進則是能做多少算多少，能學多少就學多少，所謂「盡心、盡力、盡責、盡分」，是你自己對自己交代，所以不需要緊張地想：「我旁邊那個人跑得比我快，我都跟不上，好丟臉！」人家的腿是飛毛腿，你的腿是螃蟹腿，螃蟹腿也不錯，你的腿就是這樣，你只要盡心、盡力、盡責、盡分就好。

但也不要偷懶，說：「反正昨天已經晚起而被打了一個叉叉了，管他去！頂多就是再打兩個叉、三個叉。」這叫做「債多不愁，蝨多不癢」，過犯多了以後，覺得不痛不癢，輕鬆得很，不會覺得不舒服，然後就不斷地犯錯：「我就是這樣，我也沒有辦法啊！你要怎麼樣？」這叫做不知慚愧。我們不跟人競爭，但自己要精進，要盡心、盡力、盡責、盡分，這是出家的生活型態和心態。

至於儀態，我們對任何一個人都要謙虛，不僅對長輩謙虛，對平輩、同學乃至比我們年紀輕的晚輩，還有在家居士都要謙虛。告訴你們一個故事：有一次我要喝水，我對身旁一個徒弟說：「請你替我倒一杯水喝。」他動作快得很，衝了過來，恭恭敬敬拿了我的杯子去倒水，我心想這個徒弟真乖，結果他拿到下面去，一下子就馬上交給另一個人：「師父說要倒水，趕快去！」

那第二位倒了以後要拿過來給我，前一位又說了：「不行！這是師父叫我拿的。」於是把它接下，然後恭恭敬敬地拿給我。我說：「這一杯水不算，第二位某某人，你來，請你把這杯水倒掉。第一位某某人，請你再替我倒一杯水。」那第一位還是聽不懂，他就罵第二位：「你一定倒錯了水，倒多了、倒冷了，還是怎麼了？師父不要，再重新倒。」

你們說這樣的生活態度好不好？後來我說：「好吧！第一位某某人，從此以後，我的事都沒有你的事，你不用幫我了。我要你做，你怎麼叫另外一個人做呢？如果要叫第二位某某人去做，我也會叫啊！為什麼你不做而要找他做？從此以後沒有你的事了。」他跪下向我懺悔：「師父，我懺悔！我知道我錯了！」我說：「你錯了，你是錯到底了，這是承上欺下，是奉承上面的人，欺負底下的人，對上面恭恭敬敬，對下面耀武揚威。」這樣的行為與態度，不是出家人應有的。

因此對任何人，不管是長輩、平輩還是晚輩，都要尊敬，這才是出家人應有的儀態。對居士們也一樣，我們說話時，不可以用責問、指派或用強勢的語言，我們要用商量的、尊敬的語言，和顏悅色、恭恭敬敬的態度。

過去我們有位菩薩，覺得自己受的教育程度很高，學問很好，能力很強，我說：「這個地方要的是有道心的人，而不一定要有能力的人。如果有道心加上有能力，當然很好；如果是沒能力、有道心，總是要比沒道心、有能力來得好。」所以諸位要明白，道心比能力來得重要，但也不是要大家不要有能力，有能力加上有道心是很好的。所以，教育程度高、能力好的人更要謙虛，連孔夫子都謙虛地「不恥下問」了。

今天我在山上走的時候，我們有一個法師跟在旁邊跟我講：「師父，這個怎樣怎樣、那個怎樣怎樣。」我說：「是、是、是。」他說：「師父，您不能老是說：『是。』」其實師父並不是什麼都懂，當我不懂，徒弟清楚的時候，就是聽徒弟的。他說：「師父，不好意思。」我說：「沒什麼不好意思，我要聽專家的意見。」師父講的話不一定完全正確，你們也可能看得比我清楚。阿彌陀佛！

（摘錄整理自二〇〇四年二月十九日出家體驗班「新生講習」及二〇〇四年二月二十日僧伽大學「創辦人時間」）

出家、心行

要出家，先學三年婆娘

記得我在狼山出家當小和尚的時候，因為清晨要起板、撞鐘、打鼓，所以一定要起得早。但是那時沒鬧鐘，所以難免會起晚了。但是老和尚也真厲害，只要板沒有打、鐘沒有響，我的房門就會響；只要我的房門響了幾次之後，我的頭就會響，會「挨栗子」，原來是老和尚給我「栗子」吃了（即握拳以指關節敲擊狀）。這可不是開玩笑，頭會腫起來的，所以挨幾次栗子之後，小和尚就不敢不起來了。

當時我們山上用的水是天上的水，那是下雨時，將水缸擺在屋檐下，一缸一缸盛接下來的，屋檐下擺滿了幾十個水缸，屋檐有多長就擺多長。這在乾旱時期是很珍貴的用水來源，所以如果不節省用水，老和尚就又來了。

還有，我們穿的衣服都是用織布機土法織成的粗布裁製成的，這樣的衣服都是粗粗厚厚的，不像現在的衣服這麼輕便，洗的時候一定要用手使力地搓。你們想像看看，厚厚的布要用小小的手搓洗乾淨，那真是不簡單！

如果衣服壞了，稍微弄破個洞，老和尚見了一定會罵說：「這衣服怎麼弄個洞了？調皮，趕快去補！」還好我在家裡看過我母親做衣服，我會拿針、會穿線、也會縫。我那小師父不會，這時候老和尚就教他，老和尚說：「要出家，先學三年婆娘。」

話中的「婆娘」就是婆婆媽媽的意思，婆婆為孫子縫縫補補、洗洗煮煮，媽媽也是一樣。因此，做縫縫補補、洗洗煮煮這些事的，就叫做「婆娘」。整句話的意思就是說，出家當和尚，要先學三年婆婆媽媽做的事。

至於照顧庭院的花草樹木，老和尚也非常在行。老和尚們把整理花草樹木當作修行，當然也是一種運動。小和尚自然就成了老和尚的幫手，像母雞帶小雞、大鴨帶小鴨一樣，第一代帶第二代，第二代學會了再帶第三代，之後代代都學會怎樣照顧庭院了。

自立而能立人

我講這些的用意是要告訴你們，出家人應該學會自立。我曾經到訪日本、西藏、英國、美國等地的佛教團體，大部分都是功能很完整的community，中文叫作「社區」，community的機制就如中國諺語所講的「麻雀雖小，五臟俱全」，也就是說，衣、食、住、行、管、教、養、衛，無一不包，無論穿的、吃的、住的，或是交通、經濟、治安，乃至教育、安養及保健醫療等，都必須是自足的。

如果一個團體、一個社區缺少上面所講的任何一項，就沒有辦法自給自足，就容易發生危機。因此，我們的團體隨時都要培養自給自足，不依賴他人的習慣和能力，這樣不僅能自足，還能支援其他人。

舉個例子來說，納莉颱風來襲時，造成很大的災害，農禪寺、文化館本身都是受災户，可是因為我們的機制靈活、功能完整，所以當時不但不混亂，而且還能去救災。譬如農禪寺淹水已淹到膝蓋了，廚房也熄火了，出入農禪寺都要乘坐橡皮筏，但還能做出便當，一千份、一千份地送去給斷了炊的台北居民及市政府的員工吃，這就是因為我們有完整的社區功能。

我們學校現在的人數，師生合計約有三十個人左右，這已經算是一個滿大的團體了，所以應該要建立一個完整的機制，樣樣都要會、樣樣都能自己來做，不要依賴別人。當然我不會要求你們現在就要自己種菜來吃、自己做衣服來穿，但是將來可能是要的。總之，你們這一代年輕人就是應該要會，要把出家人的生活以及出家團體的運作學會。

接下來，我想談談我所參訪過的佛教團體。在英國，有一個由比丘、比丘尼共同組成的十分現代化的佛教團體。這團體已經有二十多年的歷史，位於英國北方海拔很高的高山上，到了冬天，因為下雪的緣故，會有四、五個月封山。他們在那裡相當獨立自足，其中有幾個部分特別令我感動！

第一個是他們的廚房，廚房平時只有兩個人當職，要負責全部人的餐飲，由於他們吃得很簡單，所以不用花太多心思在準備餐飲上，還可以一邊準備餐飲一邊修行。他們雖然吃得簡單但很健康，不像我們既講究營養，又說什麼菜色要常常變，不然腸胃會

「呆」；可是他們長期這樣吃，腸胃也沒有「呆」。

此外，我還參觀了他們的縫紉室。我看到兩位出家人正在做衣服，一位原來是大學心理學的教授，一位則是醫生。他們告訴我：「一定要會做衣服，否則就沒辦法換裝出家。」所以，要先學會做自己穿的僧服，才能出家。

然後，我又到出版部門去參觀，裡面有一個人正在打電腦，另一個在畫畫。他們介紹說，因為團體裡也出版一些書籍和文宣品，如果要請外面的人來編輯、設計，那要花很多的錢，團體並沒有這筆經費。因此除了印刷、裝訂外，其他像撰寫、編輯、排版、設計等工作，都是自己來處理。所以，他們除了自己用功修行之外，也做文化出版的工作。

接著，這個團體的住持又帶我到另一棟房子去參觀。我看到一群身穿工作服、頭戴工地安全帽的人正在拌水泥，或是挑石頭爬到鷹架上修葺房子。乍看之下，我還以為是外面請來的工人，仔細一瞧，才發現都是這裡的出家眾，裡面竟還有兩位比丘尼，他們說，這裡是男女平等的。另外，我還看到一尊正在雕刻砌建中的釋迦牟尼佛立像，詢問之下，也才知道是住持帶著一些弟子一起做的。

你們看，這個團體的出家眾各個都有多方面的才能，原本不會的技能都變成會了。這就是我之前跟你們提的，應該要朝自給自足方向發展的好例子。

做個無所不爲的大丈夫

最近，農禪寺有位女眾法師跟我說：「師父，男眾搬遷上山了，現在要把女眾當成男眾來用。」我說：「什麼叫做『把女眾當成男眾來用』？」他說：「粗重的工作，原本應該由男眾來做的。」我就說：「你們本來就是丈夫，都是女中丈夫，如果不是女中丈夫，根本沒勇氣出家。既然出了家，就沒有分什麼是女眾的事情、什麼是男眾的事情。舉例來說，縫縫補補是女眾的事嗎？洗洗煮煮是女眾的事嗎？這是不分男眾、女眾都應該要會的。同樣的，電燈壞了、東西停擺了，不僅是男眾，連女眾也應該學會處理。」我曾參觀過一個天主教的女眾修道院，他們的機制、功能也是這樣子的。

所以，我希望你們出家以後，十八般武藝要樣樣皆通，女眾不要依賴男眾，男眾當然也不能依賴女眾，出家眾不要依賴在家眾。出家眾應該養成頂天立地、獨立自足的性格，才能成為人家的靠山；而不是把別人當作靠山。否則，樣樣都要依賴人、都要別人來幫你解決，那就麻煩了。

（講於二〇〇一年九月二十一日僧伽大學「創辦人時間」）

奉獻與關懷

今天，我想跟各位分享的是，做為一個未來的出家人，必須要具備哪一些條件，才不會被環境所淘汰。

持戒謹嚴、生活簡樸、精進修行，這是出家人的本分，不管過去、現在或未來的出家人，都應該相同。但是，光是這樣對一個現在的出家人都嫌不夠，更何況是未來？

現今台灣佛教有那麼蓬勃的氣象，並不完全是因為台灣人信佛的緣故，台灣人喜歡的，應該是民間信仰，而不是佛教。那麼，是不是說有幾個出家人持戒清淨、生活簡樸、修行精進，佛教就能這麼蓬勃呢？如果只是這樣子的話，那麼台灣今天可能根本沒有佛教了。

關懷社會，延續佛教生命

大約一百多年前，大陸佛教給人的印象就是「與世無爭，青磬紅魚了此殘生」，這樣的佛教對社會而言，是一種損失，也是一種負擔。因為一個好好的有用之人，卻不能夠為社會生產。不事生產也罷，他還要吃，即使吃得簡單，那還是要吃，只有去化緣，向人化得一些錢和食物來養活自己。然後他們還要說：「我們敲木魚就是在修行，我們廟裡供著『大清皇帝萬歲萬萬歲』是為了祈求國泰民安，為人類祈禱世界和平！」民國以後，又換成供著「當今總統萬歲萬萬歲」。

當時在大陸大約有五百萬出家人，大多就是這樣坐享其成，不但沒有做弘法的工作，也沒有做社會關懷的工作。即使有的話，也只是在有人往生時，為他們念經，舉行儀式而已。但是念經不只出家人會念，在家人也會念，如果我們今天的佛教還是這樣是行不通的。今天台灣佛教之所以能夠如此蓬勃，主要是因為有幾個佛教的大團體在做對社會有貢獻的事，所以才帶動了佛教的發展。

記得九二一大地震前，佛教界發生一件醜聞，一位尼師為了對付他的師父和師公，於是結合一位被開除的調查局調查員，誣告他的師父、師公，造成佛教界的大地震。當時台灣媒體幾乎都在炒作這則新聞，不斷地追追追，愈挖愈深，把佛教界過去所有的壞事、醜聞、舊帳都翻出來。本來只是一件事，結果捕風捉影地扯東拉西，把所有出家人都當成目標來挖，佛教清新的形象也因此破壞。

然而九二一大地震一震，這樁事情就沒有下文了。因為那時媒體報導的都是我們幾個大團體在做救災工作的新聞，還有「台灣加油」的公益廣告、照片，到處都有。當時佛教安定人心的力量，對於九二一災後社會的人心重建發揮了很大的作用，結果那樁緋聞就不見蹤影了。

由於沒有證據，這個案子官司打了一年多，最後也不了了之。後來那位女眾不好意思再見人，在佛教界也沒辦法立足了，因為不管哪個團體一看到他就怕。

我講這個例子的目的是想提醒大家，除了做一個本分的出家人之外，我們必須要對現實社會有非常明顯的貢獻和影響。如果九二一大地震之後，佛教界沒有這幾個大團體對社會做那麼多有貢獻的事，那件事很有可能還會再繼續地炒。可是現在如果遇到這類事情，我們可以跟媒體講：「要毀掉佛教，毀掉佛教界中有名的法師，那樣的社會成本太高了，因為佛教對社會有正面的貢獻和影響，如果少了佛教的力量，多多少少會影響到整體社會的安定與健全。」

因此，佛教除了傳統的基本原則不能缺少之外，還要關懷社會。諸位，我們這個團體是如何關懷社會的？曾經有一位菩薩告訴我：「法鼓山很實在地在做事，像九二一大地震發生時，我剛好在南投，那時候常有人會引用師父的法語來鼓勵人心，譬如：受苦受難的人是教導我們的菩薩……等等。」另外，也有許多朋友說，雖然法鼓山沒有辦很大的法會，但卻是他們最認同的佛教團體；乃至許多非佛教徒認為，法鼓山與其他團體不同，是在做學術和心靈環保。

我跟你們講這些，主要是要你們知道，我們出家人不能脫離社會，不能和社會脫節。因此，關懷和教育在我們這個團體是並行的，我們是「以教育來達成關懷的目的，以關懷來達成教育的任務」，你們將來如果忘了做關懷的工作，而只想到教育，便很容易流於象牙塔。

關懷社會，要從我們法鼓山內部關懷起，而關懷內部則要從關懷自己做起；如果沒有先把自己安頓好、把內部關懷好，想要關懷社會可說是緣木求魚。所以，要自立自強從自己的內心做起。

至於要怎麼安頓自己的內心呢？如果說要開悟或是了斷煩惱，那不簡單。但基本上，要以發菩提心為原則。發菩提心，就是為三寶、為眾生盡形壽、獻生命，至於個人的利害得失、光榮恥辱，都不是考量的重點。人家給不給我尊嚴沒什麼關係，我只是在奉獻。這種想法就是在發菩提心。

菩提心就是為眾生的心，我是終身奉獻給三寶和眾生了，只要對眾生有益，三寶需要我怎麼做就怎麼做。以菩提心來關懷自我，之後就能夠關懷內部的同學、菩薩以及教職員，還有我們的僧團常住眾。內部的關懷做好了之後，就能夠對社會做關懷。

對外的關懷，就是對社會做奉獻。你們在學僧時代，如果有時間也應該擔負起一部分的任務。如何關懷？可以配合團體計畫來做，做些對社會有益、對社區有貢獻的事，例如打掃、禪坐教學等社區服務。

我們在金山，法鼓山山下的人對我們很好奇，心裡會想：「這些人吃飽了沒事，在山上做什麼呢？」或「這些孩子不聾又不啞、不癡也不呆，他們在山上做什麼？」因此我們可以對山下辦一些活動、做一些事，除了讓他們知道這個學校的學僧對環境是有所貢獻的之外，也可以影響他們的觀念，改善他們的生活品質及生活習慣。這個就是屬於關懷的層面。

奉獻自己，利人就是利己

接下來，要談的是「奉獻」，我們愈是有奉獻的心，成長得愈快。現在多半是僧團要你們配合，或到廚房、或到知客處去幫忙。

將來同學們可以自己學著做計畫，譬如藉著新年大家來向師父拜年，或是信眾上山來參加活動的機會，試著規畫出整個流程細節，包括廚房、交通、接待、文宣等。

在我認為，學僧最好能獨立練習做一些事，譬如現在的《僧大通訊》，就可以由同學們自己來編。事務性的事情由一個人負責，主編和編輯群由其他同學負責，這樣一方面訓練同學，一方面也把這份刊物編出來了。

事情由你們來策畫，這樣你們就會成長得很快，否則人才很不容易訓練出來。當然剛開始的時候一定會跌跌爬爬，可是做任何事，一開始都是如此。

但也有人認為：「其他的事先不要管，等你把廚房的事先學會了再說。」或者說：「做知客的，就先把知客學好。」結果在廚房的人永遠在廚房，做知客的永遠做知客，這樣一來學習得很慢。如果是自己獨立規畫執行，一個大活動辦下來，一下子全部都學會了。這就是透過互動來學習，不需要做三年知客、做三年廚房、做三年殿堂、做三年庶務，等做到頭髮都白了、鬍子都長了才學會。

有的人二十多歲不也是什麼都會了嗎？所以我想，用這種方式比較好，這樣我們的僧團也比較有活力。學僧在四年之中，就養成群體協調互動的習慣，廚房中少一個人時，任何一個人都可以補上去，知客、殿堂也一樣。做維那也不全是音質、喉嚨的問題，有的人聲音響一點，有的人聲音不響，但只要願意做、敢上場，任何人都可以做。有些人聲音還可以，但就是不肯上台，其實只要願意學，心情不要閉塞，就可以了。

一個出家人為了要服務、為了要奉獻，沒有一樣事情是不能做的，工作也沒有什麼好與不好的分別。沒有人做的事情，你就去，常常是沒有人肯做的事情，大家就跟著不想去，只要有一個人起頭，大家也就會跟著去。所以如果你們有機會辦活動，從辦活動中訓練分工合作，既能增進彼此的瞭解，成長自我，也能幫助、服務他人。

你們的文筆都不錯，也有策畫的基本能力，因此可以在課外或課程中安排一下，給自己一個假想的任務，模擬辦活動的計畫，讓每個人都有機會練習，其中做得最好的，給大家做學習的範本。這就好像是軍隊中的沙盤推演一樣，規畫以後，還要練習著指揮。

「大將」指的是什麼？一方面是指企畫的能力；一方面是指臨機應變的反應力，也就是說，發生了狀況，指揮的人馬上就能溝通協調，決定處理的方針。你的反應快、指揮得當，就會打勝仗，否則就會打敗仗。我們辦活動當然沒有什麼所謂的「敗仗」，頂多是最後成果不好、成績不好，怨聲載道，讓參加的人說：「像這樣子的活動，下次你再請我，我也不來了！」這是企畫指揮的人能力不夠，指揮不當。總指揮的人能力強，有大抱負，而且反應快，那麼活動辦下來，大家都快樂，覺得成長很多、學到很多的東西，而不是受折磨。

另外，做為一個大將之才，還要能夠主動關懷照顧人，會不會主動關懷照顧別人和個性有關。能夠照顧自己，加上有奉獻心的人，就能照顧別人。怎樣照顧別人呢？很簡單，只要想著，我這個人是盡形壽奉獻給三寶、奉獻給眾生的，三寶的事就是我的事，眾生有事就是我的事。

關懷奉獻，昇華生命境界

凡是沒有人管的事就是一個漏洞，既然知道那裡有一個洞、一個坑，就要去填補一下、照顧一下。如果心想：「只要我不踩進去就好了，這不是我的事！」或是「我剛剛來，讓我好好地多打打坐、拜拜佛、念念經，不要老是找我做事。」「我年紀大了，打坐、拜佛、念經已沒有時間了！做事情找其他的人去做！」這樣很糟糕，要想：「我是為奉獻而來的！」請千萬不要說我是來求成就的。出家的心就是來奉獻的，奉獻就是我的成就，奉獻愈多成就愈高。

過去我看過一篇小說，故事是說，有一個江洋大盜做了一輩子壞事，最後出家當和尚去了。他出家後第一件要做的事，就是從山下鋪一條路到山上，方便大家上山。後來他每天就辛辛苦苦地在那裡造路，沒有人知道，後來來了一個要找那大盜尋仇的人，他看到這老和尚，就問：「曾經有一個江洋大盜，後來不知怎地，人就不見了。你在這裡做了這麼久的苦工，有沒有聽過這個人？」「我是聽過，不過他已經在這裡做了很久的苦工了。」「他在哪？」「就是我。」

本來要來報仇的人，看他很辛苦地在造路，就說：「這上面還有一段路沒有做完。」老和尚回答說：「是啊！如果你現在殺掉我，我就做不完了，你能不能等我做完之後再殺我呢？」那尋仇的人說：「我幫你做，做完之後我再把你殺掉！」後來兩個人就一起做。

結果在造路的過程中發生了很多奇怪的事，颳風、下雪、大雨、野獸，遇到很多問題，兩個人同生死共患難。在造路的期間，兩人都默默地向內修行，路一造完，兩個人在那裡看一看、笑一笑，就坐化走了。他們一起把路造完，修行也修成功了，你也不殺我，我也不殺你。

我倒不是教你們學著這樣子做，只是用這個故事來說明，有很多人以為修行就是打坐、吃素、念佛、拜佛、看經，認為這些才叫修行。但是最好、最得力的修行，其實是奉獻。所以，佛說：「菩薩道是從眾生中求，眾生是菩薩的福田。」

總結今天精神講話的重點，就是奉獻與關懷，盡形壽、獻生命。

（講於二〇〇二年三月二十二日僧伽大學「創辦人時間」）

道心

出家人有許多型態，對諸位菩薩來說，可能還不是非常清楚究竟要做一個怎樣的出家人。有些人可能已經有一些想法，或者是想像過出家之後的情形。像我小時候要上山出家以前，就作過很多的夢，想像自己上山以後會怎樣，出了家以後，將來又會怎樣，結果那些夢都幻滅了，所以不需要作夢。

想要出家，其實只有兩個原則，一個是出離心，一個是菩提心。出離心就是要出離你們從出生到現在，過去幾十年所累積的，不管是成就也好、習氣也好、想法也好、丟臉的事情也好，種種的自以為是全部都要放下，不然很可能會變成包袱。

如果出了家以後，還常常以自己的想法和模式來看人，常常戴著自己這副用了幾十年的眼鏡來看人，就像孫悟空練成的「火眼金睛」一樣，肯定隨時隨地會有衝擊、會覺得看不順眼，受委屈、受排斥，甚至是受壓制，這樣你可能就要鬧革命了。可是我們這地方沒有革命，只有發菩提心。

所以，出離心的意思，是指要出離你們一向自以為的你，出離過去一切的你。一進入法鼓山，一切就是重新開始，就叫做重生。如果沒有重生的決心，你是待不下去的。來了這裡，你們就是參與法鼓山、奉獻給三寶。

視所有人爲菩薩

除了出離心之外，還要有菩提心。出離過去，把過去的包袱脫掉、卸掉，然後發菩提心，走向未來。發菩提心，不是要大家作夢當什麼祖師、大法師、大禪師、方丈，或是至少帶個團體，以為這才叫做度眾生，才叫做弘法利生。這種夢作不得，你一作這種夢，就糟糕了。你們要用慚愧心、懺悔心來出家；另外，也要感恩僧團成就你們來出家，一定要在這裡全心地學習，全心為僧團奉獻。

我們這個地方不是集中營，也不是勞工營，我們是僧團。聯合國規定六十五歲應該退休，我老早就過了要退休的年齡，可是我現在每天的工作量是十多個小時，並不比年輕人少。這是因為我只想到奉獻，一生都要奉獻，從沒想到自己能不能當大法師，能不能成為什麼樣的人才。

當我留學日本、完成學業時已經四十五歲了，美國那邊的佛教會請我去，去了以後，我的工作就是打掃環境、清理倉庫，有的時候還要煮飯、買菜；雖然我已經得到博士學位，而且是個四十多歲的人，但是他們給我的訓練是這樣，我就這樣在那邊過了兩年的時間。

發菩提心，有近程、中程和遠程之分

所謂發菩提心，有近程、中程和遠程之分，遠程就是成佛，它是我們最高、最究竟的目標。成佛要有菩提心，要先行菩薩道，菩薩道是成佛之道，但若只是空口講菩提心，或發願要成佛，那是不切實際，成不了佛的。

菩薩是「自己未度先度人」，很多人一看到「度」字，就想：「我懂的經論沒幾部，要怎麼度人呢？」我告訴諸位，這就像一艘船一樣，雖然只有一位船長，但是光靠船長是沒有辦法把船開走的，一定還要大副、二副、水手的幫忙。而且我們不可能一開始就當船長，也不是每一個人都能當船長。

因此，即使當一輩子的水手，也不要認為不重要。因為船上缺少船長，船當然不能開，但船上沒有水手，也一樣不能開。不要以為船在度人的時候就只有船長在度人，水手也在度人，各人扮演的角色不一樣罷了。

我們法鼓山的法師是要經過訓練和考驗的，等到儀態、心態養成了，才能夠出去弘法，以免以盲引盲，自害害人。但是，現在你們一進入僧伽大學，就馬上能度眾生了，哪怕只是掃一掃廁所，也是度眾生。因為不論誰到山上來，或者是在山上生活、修行的人，都要使用廁所；所以就算是掃廁所，也能夠安定人、成就人在這裡生活，那也是一種利益眾生的表現。因此，從任何一個角度、任何一點去做，都是參與我們的團體，共同一起來度眾生。

現在法鼓山這個團體，船長應該是我，有些人則是大副、二副，另外還有一群是水手。雖然目前你們還不是水手，但將來要能夠成為水手。

發菩提心的心態很重要，發菩提心就是利益眾生、度眾生，而我們碰到的每一個人都是眾生，包括同學、老師以及我們所接觸到的義工菩薩、護法居士等等，都要把他們當作菩薩來供養和服務。這些護法居士來護持我們，共同完成法鼓山理念的推動，當然是菩薩。所以，雖然他們稱我為師父，而我則視他們為菩薩。

同樣的，雖然你們現在稱我「師父」，我也是把你們當成菩薩，稱呼你們為菩薩，這是因為我相信你們是菩薩。在學佛的過程中，這一生我學得比較早一些，年紀比你們大一些，所以當了你們的師父。過去生中，說不定你們學佛比我更早，工夫比我更深。

現在你稱我為師父，說不定下一生我來的時候，就做你們的徒弟。我是這樣子思考的，因此不敢輕視你們諸位菩薩。但是你們還是要視我為師父，也要視諸位法師為老師，他們出家比你們早，奉獻時間、心力來為諸位服務，你們要感謝他們，他們各個也都是菩薩。我們自己要發菩提心成為一個菩薩，也要把所有的人當成菩薩，那才會有立足點。

僧團之中人人平等

你們不論是男眾或女眾，年齡層次相差很多，教育程度也很懸殊，個人具備的專長或專業能力也不同，但是到了僧團之後，我們是平等看待各位的。諸位彼此之間，也要平等的看待，不要年紀大的、學問高的或能力強的，就認為了不起；而年紀輕的，也不要以為年紀輕就很了不起，那是顛倒。我們每一個人，對任何人都要謙虛、尊敬。能力、學歷高的人，要謙虛；能力差一點的，也請你們不要自卑。不管自己是船長、大副、二副，還是水手，我們同舟共濟，大家一條心。

自己管理自己

最後，我想勉勵各位，希望諸位要有自律的能力。「自律」是什麼意思？是自己約束自己、自己管理自己，不要讓法師來管你們。當法師來管你們的時候，那表示已經很差了，所以最好是自己管理自己。

我們有生活的規約，新生訓練這幾天，也會訓練你們怎麼生活，你們要用心地學習。希望你們能自律自治，除非必要，我們的班導師不會來跟你們囉唆，但是班導師會帶你們一段時間，指導你們如何生活、如何運作。在威儀方面，因為你們是在家人，還不知道如何像一個出家人，還是要法師們給你們引導、指導。在你們進入常態之後，便以自治為原則。

另外，請你們要知道自己有習氣，肯定自己有習氣。這個習氣叫做什麼？叫做俗氣。俗人的想法、俗人的動作，是習氣。有的是性格上的習氣，有的是外表上、動作上的習氣，請你們把那些習氣全部放下。也許有人會說：「我已經學佛幾十年了，雖然沒有出家，但是出家人我已經看多了，出家人什麼樣子、怎麼生活，我完全清楚。」請你們不要說這樣的話。你從外邊看，和到裡面參與成為一個出家人，是不一樣的。

凡事以僧團的標準爲標準

總結今天所說，第一要有出離心，凡是過去你們沒有上山以前的想法、習氣，全部都要出離，把你的包袱擺下來。出家，就是要放下自以為是的標準或判斷，然後以僧團的標準為標準、以僧團的判斷為判斷，不要用你自己的角度看。來到這裡，就是要磨你身上的刺，磨平那個傷人又傷己的刺。

諸位有沒有聽過密勒日巴的故事，他的師父就老是折磨他，最後，他成為弘法的大法將。所以你們不要老是忿忿不平，老是要申冤，老是覺得「這個人錯」、「那個人錯」，如果你們這樣子，那有問題的一定是你自己。第二是「菩提心」，菩提心是奉獻和服務。最後，要自治、自律，不要一定要人家來管。

希望你們能夠平安法喜地度過「出家體驗暨僧才養成班」兩年的時間，有始有終。過去我有一班研究所的學生，招收了八個同學，畢業的時候也是八個同學。那一班同學的學習氣氛非常的好，原因是裡面有幾位同學能夠為人服務，對同學非常照顧，非常慈悲愛護，能夠帶著大家讀書，而把整個班都帶起來。其中，最發心、最努力的，就是我們現在僧伽大學副院長惠敏法師。不是說自己把書讀好、自己成績好、自己往前走就好了，而是大家一起努力，好一點的要帶差一點的，差一點的要跟上來。

所以在我們這個班裡，沒有要比學問、技術、專業，我們要比的是道心，也就是出離心、菩提心。如果能夠這樣子，那我相信你們都能成長，都能安心地往前走。我祝福大家，你們也祝福自己。

（講於二〇〇三年二月二十四日出家體驗暨僧才養成班「新生講習」）

何謂梵行？

在娑婆世界的三界之內，有兩個天國淨土，一個是彌勒內院，另一個是五淨居天。彌勒內院在彌勒淨土，而彌勒淨土是在三界中的欲界天，在欲界四王天、忉利天、夜摩天的上面，也就是兜率天，所以它是在欲界的第四天。

兜率天有內院、外院之分，外院是外道修福報的人住的，內院是發了悲願學佛法的人住的。彌勒內院有彌勒菩薩在那裡，將來彌勒菩薩到人間成佛的時候，生到彌勒內院的人也會隨著回到人間來，參與龍華三會而證聖果、得解脫——小乘，最少初果，乃至於阿羅漢果；大乘，能到初地。所以，有人希望能生到彌勒淨土，這樣回到人間來，就能成為聖人了。

持戒清淨修梵行

至於色界的淨土，是在梵世（即色界諸天）的五淨居天。五淨居天是三果的聖人住的，又叫做五不還天，是五個不再回到人間，不再到欲界的眾生所住的天國淨土，也就是聖人所住的世界。梵世的諸天是清淨、離欲的天，在三界九地之中，眼、耳、身三種識的功能只有到第二地，也就是說，到了第三地以上的眾生，是沒有眼識、耳識以及身識的，此即《八識規矩頌》裡所講到的：「眼、耳、身三二地居。」而鼻、舌二識的功能，則僅作用於欲界。由此可知，生於欲界的眾生，眼、耳、鼻、舌、身五根五識的官能是極為發達的。

在這個狀況下，我們生在欲界而要出家修梵行，就必須眼睛不受色的誘惑、耳朵不受聲的誘惑……，乃至我們的身不受澀、滑、涼、暖、輕、重等的誘惑。能夠這樣，就是梵行。出了家，如果還貪戀好看的、好聽的，還貪著身體的觸感，那就不是梵行。

漢傳佛教很少講「梵行」，大部分是教人持戒清淨。持戒清淨絕對不等於眼睛不准看，耳朵不准聽。眼睛不准看，那我們不能走路了，而我們也沒辦法把耳朵塞起來。所以，眼睛可以用，可以用來學習、用來修行，耳、鼻、舌、身也一樣，是修行的工具，不是用來貪著的。

可是一般人通常從小就喜歡給大人抱一抱、摸一摸，因為那種感覺滿舒服的，這就是一種貪欲。因此我們出了家，和異性應對要謹慎，不要輕率地碰來碰去、拍來拍去，否則，那種舒服的感覺很容易生起來。同性之間也一樣要保持適當的距離，不要隨意碰摸接觸。

注意身心行爲

自己的身體呢？如果是為了清潔，或是因為生病了，要治療它，那沒有關係。但是，我們身體某些部分滿敏感的，一碰就覺得滿舒服，很容易起貪著心。所以，即使是自己的身體，也不能夠為了舒服的觸覺而隨便摸它，一旦享受快感就糟糕了！如果是皮膚的小癢，不要管它；大的癢，抓一抓是無妨的；眼睛癢、耳朵癢，則是生病了，那就應該去治療。總之，本身並不是因為生病或不舒服而去觸摸它，那就是非梵行。你們現在是受了行同沙彌戒的行者了，同樣要曉得、要遵守。這非常重要。

還有耳朵聽到逆耳的聲音起瞋恨心，聽到悅耳的聲音生貪著心；或是眼睛看到美色，看到穿著暴露的女子，心中覺得刺激，起貪著心想多看幾眼，這些都跟梵行不相應。此時心中馬上要起慚愧心、念阿彌陀佛，告訴自己：「我慚愧！我已經出家了！」「我已經受過沙彌（尼）戒了，我慚愧！」常常要提醒自己，唯有如此，你才容易保持道心，才會梵行清淨。另外，還要注意出家人看東西時不要用斜視，也不要眼睛盯著看，這樣很不威儀。

嘴巴也是一樣，跟人互動的時候，除了慈悲語之外，不說其他的話。如果是工作，或是為了度眾生、弘法，當然需要用語言，但就只是談工作，而這本身也是修福報的事，說的是慈悲語，是智慧語，不要以貪著心、貪欲心講話。還有吃東西的時候，除了醫生說不能吃的，或是你的體質不適合吃的之外，不要因貪著口腹的享受而挑食、偏食，喜歡吃這個、不喜歡吃那個，那又變成了非梵行。

梵行的人，維持色身的存在，是為了用它來修梵行，用它來弘法利生、修福修慧，我們需要吃，但並不是為了享受，為了貪圖口腹之欲。

那鼻子呢？現在不要說是女眾，連許多男眾也有脂粉氣，那不是好味道，我們不要想多聞它一下。如果你貪著了，那要慚愧，心裡要想：「我出家了，我怎麼會貪著這種味道呢？」食物也好，人的味道也好，還有植物、花香也都一樣。我們既然有鼻子，自然聞得到，只要不起貪著心，就是梵行。

受了沙彌戒便是「梵行者」

總之，我們出家，從受沙彌戒開始，就是叫做「梵行者」，就是修梵行的人。我們的五根，就不應該沾欲、沾貪著，不要運用了去造非梵行的業。

過去很多小說以及中國古代的高僧傳裡，常常稱印度來的、穿著印度僧服的出家人為「梵僧」，而稱漢傳的僧人為高僧。這是因為有些人將梵僧的「梵」誤解為「梵語」的意思，而印度人說梵語，故為梵僧。所以，從古以來，漢傳佛教便缺少這個觀念。其實，我們出家人，不管你是印度人、中國人，只要修梵行，你就是梵僧。高僧是指修行有道的人，當然也是梵僧，因為不守戒律是不能成為高僧的。

僧大的同學雖然還沒落髮，但都已受了沙彌十戒了，受戒以後就是修梵行的人了。所以，我今天早上特別跟諸位強調梵行的意義，希望對你們有一點用處。已經受戒很久的人，今天聽一聽也是有用的。戒律條文是有限的，重要的是要常常注意我們的身心行為。我們都有五根、五識，不要拿來做為貪欲的媒介，而是要做為修行清淨行的工具。梵行的原則能夠遵守，那就是持戒清淨，持戒清淨就是梵僧。

（講於二〇〇二年九月七日剃度典禮次日之農禪寺早齋開示）

學習出家人的心態

《一夢漫言》是明朝見月律師的著作，從字裡行間，我們可以看出他不記恨、不記仇的慈悲心，而且也不會怨恨、嫉妒別人。他很有自信，但是又非常謙虛。

怨恨、嫉妒、傲慢都不是出家人應有的心態，諸位剛剛開始學習過出家人的生活，第一要學習尊重他人，其次要學習奉獻自己，把所擁有的一切分享給需要的人。

我們要尊重他人，不強求他人改變，因為強求他人很不容易，自己也會很痛苦。別人會想：「你就好到哪裡去？要我這樣子、那樣子。」也可能會想：「你為什麼不向我學習，而要我跟你學習。」

所以，我們要以尊重的態度來對待他人，他人才會漸漸來學習我們的優點。不過，我們本身一定要有所不變、也有所為，才不會被拉著跑。

最好的方法，就如《維摩經》講的：「先以欲鉤牽，後令入佛智」，其中的「欲」，就是利益的意思，也就是指眾生希望的、喜歡的。譬如我們提供教育設施和各方面的便利給社會大眾，漸漸他們就會願意加入我們的團體。

「奉獻自己，成就他人」是出家人應有的態度，我們做事要考慮的不應該只是自己，就你們目前而言，至少應該是你所屬班級的整體成就，只要一個人有問題就會變成全部人的問題。我們要常常這樣想：「我個人沒有什麼關係，全班的利益比較重要。」「我們這一班，要有我們這一班的光榮、精神。」「我們這一班，都是為僧團、為三寶奉獻的。」總之，凡事不要考慮自己的得失，如果出家了，還經常考慮到自己的得失，一定會非常痛苦。

遇到別人和自己的意見不合的時候，最好先思考對方講這樣的話、這樣的意見，或是會用這種方式表達的原因，可能是社會背景、身體狀況、學習環境造成的，也可能是天生的性格就是這樣。所以，就如前面講過的，不要強求他人和自己一樣，不要以為「我能，你為什麼不能」，你能而別人不能的事情太多了，別人能而你不能的事情也太多了。因此，不強求，只問自己能為別人做什麼的心態很重要，如果每個人都能這樣，那我們僧團永遠都會團結，永遠有凝聚力和向心力。

最忌諱的是，叫人家謙虛，而自己不謙虛；叫人家慚愧，而自己不慚愧；叫人家懺悔，而自己不懺悔；叫人家尊重我，而自己不尊重人；叫人家奉獻給我，而不是我奉獻給人；叫人家成就我，而不是自己成就別人。

這是一般人常有的心態，可能你們剛來的時候也是這樣，但現在你們已經受了沙彌戒，即使有人還未剃度、換裝，但已經在學習著做出家人了；所以，請你們不要用過去在家人的價值觀來跟人相處，動不動就「我以為怎樣」、「我的看法怎樣」、「我……」、「我……」，不然你會煩惱、痛苦不已，而沒有辦法繼續在這裡學習下去。

（講於二〇〇三年二月二十五日「高僧行誼」課程）

威儀

今天要講的主題，是「威儀」。出家人如何保持威儀，在「沙彌律儀」課程會有系統地教授，所以今天我主要是說明日常生活中與人互動時應有的威儀。

適時適地的日常行儀

首先，從與長輩的互動談起。一般人以為，與尊長外出時，必須走在尊長的左後方，其實這沒有標準答案，須視當時的狀況而定。比方你們跟師父一起出門，如果堅持走在師父的後面，當開門或搭電梯時，說不定就要由師父替你們開門或是按電梯了；又譬如走到路況不明的地方，像路上滿是泥濘，坑坑窪窪的，或者有石子、磚塊等，很容易滑倒或跌倒的地方，讓師父先走也不是很適合。

還有，拜訪或是參觀的時候，如果你走在後面，當要到達目的地時，你還要快步超過師父到前面去，跟他們打聲招呼說：「我們的師父某某人來拜見。」這樣也不是很方便。所以究竟該走在前方或後方，要視時間及場合而定。

另一種情形，如果師父正和人談話或者打坐，你要輕悄悄地從後面走過，不要咚咚咚咚地好像要讓師父知道你經過這裡了；如果非不得已要走前面，也要欠身走過，動作要輕巧而快速，不能粗暴、慌張或大動作，但也不必躡手躡腳地。

再者，如果我的水喝完了，請你們替我加水，假如杯子在我的右邊，你就要繞到我的右邊拿；在左邊，就繞到左邊拿；在中間，則兩邊都可以拿。如果左右兩邊都沒有位置可以讓你取拿，你就偏左或是偏右，不要從中間直直走過來取，這樣會擋住師父了。正確的方式是：你走過來，躬身合掌問訊，把杯子拿去，然後退個步走——不是馬上轉個身，背對著我，這樣是不禮貌的。上面所舉的例子，是對長輩的情形。

接下來，我要講與居士互動時應注意的事。我們不能認為：「我們是出了家的，是『人天師範』，所以居士們應該來替我倒茶、搬東西，或是替我做什麼……」，然後見到任何一位居士，就擺著一副「我是出家人，我現在是法師，是人天師範」的樣子，要人家來供養你，若真是如此，那你的修行路就很難走了。

有一些人，在家的時候並不恭敬出家人，出了家以後，反而要求居士供養恭敬自己。之所以會如此，沒有其他的原因，就是「慢」，不恭敬出家人是傲慢心，出家以後希望人家來恭敬，也是傲慢心。我們出家人，不求人恭敬，如果一出了家，架子就大得很，這是慢心。

在家居士大約可分成三類：第一類，他們不是佛教徒，也不懂佛教的禮儀；第二類，雖然是佛教徒，但是他們卻非常愛面子，自以為很有學問、地位，或者是很有錢的人；第三類，是虔誠的三寶弟子，他們知道信佛、學法、敬僧，知道對於出家人要恭敬地供養。

第三類居士，如果你對他們客氣、為他們服務，他們會說：「師父，我是弟子，我自己來就可以了。」但我還是會說：「因為你這是第一次來，或者是還沒有來過多少次，以後你常常來或有空來替我們做義工的時候，我就不會替你倒茶，也不會搬椅子給你坐了。因為你現在是我的客人，我把你當成客人、當成菩薩——現在的菩薩，未來的佛。」

前天我參加一個會議，每當有人發言時，就要傳麥克風，因為我坐中間，所以就替他們傳麥克風。又有一次我指導一些居士打坐，我到了之後，發現座位還沒有安排好，於是我就去幫忙把座位排起來，他們看到我在排，就趕忙搶著排；禪坐結束之後，他們沒有想到要將座墊恢復原狀，原本他們已經陸續走出門了，一看我在搬，又趕快回來幫忙把場地復原。

有人覺得這樣專門替人家做雜工很丟臉，其實一點也不丟臉，出家人沒有地位，只有出家人的身分。出家人本來就要為大眾服務，要恭敬所有的人，因此要有服務大眾的熱忱。

掌握勇於承擔的精神

假如現在大家都很口渴，沒有水喝，你們第一個念頭是：「我去拿水！」主動地為大家服務？或者是：「自然有人會去拿。如果有，我就喝；沒有，也沒關係。」等著其他人來替自己服務？通常多數人是後面這樣的心態，第一個念頭是「我去拿」的，應該是少數人。心中動的第一個念頭很重要，我希望諸位要養成第一個念頭就是「我去」、「我來為大家服務」的習慣。

現在香港SARS疫情很嚴重，有很多人需要我們去關懷，有人覺得：那不是去送死嗎？要知道，出家人是不應該怕死的。如果要死，不去香港，在其他地方也會死，但是小心還是需要的；要小心、預防，可是不要怕死。

任何事情，需要人做的時候，我去；可是需要人做、而不該你去時，也要去嗎？譬如到伊拉克去打仗，你去嗎？所以，事情還是要先考慮該不該做。做一個出家人，要養成尊敬人、為人服務的威儀。這威儀，是從內心散發出來的，尊敬人，而不是虛情假意，是真誠的謙虛。

常有人誤會謙虛是「我不行」、「我不及人」，因此覺得「謙虛」跟「我去（承擔）」兩相矛盾，因為既然不如人，應該是比我能幹、聰明的人去。其實，「謙虛」是尊重人、尊敬人，好事情讓人家去，辛苦的事情自己來；有名、論功的事讓人家去，吃力的事我來。責任，我們願意負起來；功，我們沒有想要爭。

假如我們這個團體犯了一項錯誤，該誰負責呢？多半的人大概是想：「這是壞名譽的事，我還是趕快離開，不要讓人家說我也是這個僧團裡的人。」或者是：「我才剛要來出家，還沒有落髮就叫我承擔過失的責任，我還是回去好了。」

但這樣撇清並不好，對我來講，雖然我根本不知道是誰的錯，但無論如何是發生在我們僧團裡，那一定是我教導無方、考慮不周到、計畫不周延、照顧得不夠，如果人家問起，我一定會說：「是我的責任！」

對你們來說，看是哪一部門犯的過失，就由哪一部門的執事來承擔。如果那個部門的執事很糟糕，躲起來不解決問題，還是要有人出來承擔，要「面對它、接受它、處理它」，逃避問題，問題只會愈來愈嚴重、狀況只會愈來愈糟糕。所謂承擔，是面對問題、面對事實來處理問題，並不是不管有沒有，就一昧承認，我們要用智慧去處理它，讓事情清清楚楚、明明白白。

還有，在團體裡，無論發生了什麼事，一定要馬上處理，否則會愈來愈麻煩。譬如你受傷、發炎了，可是你都不擦藥消炎，發炎的狀況就會愈來愈嚴重，最後，甚至需要截肢。所以，當我們一發現有問題時，一定要馬上處理，但處理必須要有方法，事情承擔下來之後，要先瞭解實際的狀況，再視狀況去解決，這就是危機的處理。

危機意識是團體成長的動力

我們隨時要有危機意識，一個團體如果沒有危機意識，這個團體不會長久，很快就會萎縮，甚至消失。因為有危機意識，你才會思考未來的方向、願景，思考未來很可能發生什麼狀況。如此，當真的發生狀況時，因為我們已經有了準備，處理起來就會比較容易。

我對漢傳佛教有絕對的危機意識，尤其是在教育及人才培養方面。根據我在國際上的經驗，西藏系統的喇嘛們很受國際學術界的重視，主要的原因除了他們的教育體制和教育基礎好，以及他們的文化吸引人之外，他們還非常重視語文的訓練。更重要的是，他們有危機意識，積極地延續、弘揚西藏佛教。

個人要有危機意識，團體、社會及國家也要有危機意識，如果不懂得居安思危，就不能夠履險如夷。所謂「居安思危」，就是在平時就要有危機意識；而「履險如夷」，是指遇到危險的時候，就像平常一樣。

能不能夠做一位標準的出家人，要看的是自己的道德、品行。有人覺得出家人接受信徒供養很慚愧，其實只要我們的念頭正，為自己的道業增上，為常住、為大眾奉獻，為團體、為佛教服務，實際上就是為眾生服務。不要認為沒有站上講台說法，就好像沒有在度眾生。

一部機器，是由各式各樣的零件拼湊起來的，例如時鐘，從外邊看，只有時針和秒針在轉，可是如果裡面沒有許多的零件運作，指針也不可能轉。團體也是如此，不管你是站在台上的人或是小螺絲釘、小發條，都一樣重要。你一輩子在挑水、燒水、砍柴、掃廁所，這也是在弘法利生！隨時隨地都在奉獻，修福修慧。不要認為自己現在還沒有到弘法利生的時機，只要出了家，你就已經參與了弘法利生的團體，就已經在弘法、利益眾生了。

如果有起了煩惱的人，我們要為他們祝福，願他們消煩惱，安安心心地在僧團裡，自利利人，行菩薩道。祝福大家！

（摘錄整理自二〇〇三年四月十一日僧伽大學「創辦人時間」）

入眾、出眾、隨眾

今天，我首先要和大家講的是「入眾」，「眾」是群體的意思，這裡指的是「僧伽」，簡稱「僧」，也就是「僧團」，並且要清淨、精進、如法、如理的團體，才是真正的「僧團」。所以，「入眾」就是「入僧伽眾」，是入一個和合的團體。

「入眾」以後就要「出眾」，「出眾」不是離開僧團或領導大眾的意思，而是「出現於眾中，為眾人服務」。如果是彼此服務，則是彼此出眾。像我就是「出眾」——出現於眾中為眾人服務。如果大家都不想「出眾」，那麼這個團體就糟糕了。

發揮群力才能廣度衆生

我今天早上散步的時候，看到天空有一群小鳥飛過，它讓我想到，小鳥好像只有在接近地面時才會單獨行動，否則都是成群結隊地高飛。這是因為鷹通常只抓落單的鳥，為了保護自己，所以高飛時一定會成群。

還有一次，我在加拿大看到一種飛禽，牠們飛行的時候，也和雁一樣是飛「人」字形。我原以為其中一定有一隻「王」在帶頭，後來才發現裡面並沒有「王」，而是一隻先飛，其他的跟著飛，帶頭的飛一飛沒力了，後面的就自動補上去，而本來帶頭的那隻就落到行列後面跟著飛。

這就是合群。因為帶頭飛的那一隻，會受到風向的影響而飛得比較吃力；跟在後面的，因為前面有帶頭的鳥把風的阻力擋了一些，吃風比較小，相對地就比較不費力氣。所以前面的飛累了，就退到後面，讓其他的遞補上去，其中並沒有一個領袖在全程帶領。但是牠們都有同一個目標，每天幾乎同樣的時間飛出來、同樣的時間飛回去，而且都是結隊而行，即使是單獨飛，也不敢距離太遠。

早上飛出來，到達目的地以後，就解散各自找東西吃。到了傍晚，要飛回去以前，牠們就會「哇！哇！哇！」地叫著，好像在那邊招呼著大家：「來呀！來呀！」首先是一隻、兩隻，然後愈聚愈多，排成一個隊形，在天空轉了一轉，然後就一大群又一起飛回去。這個就叫做「也會入眾，也會出眾」。

一個出家人如果脾氣古怪、不合群，常常看人、看團體、看環境不順眼，像個獨行俠，那就跟「馬溜子」沒兩樣。馬溜子的意思，就是從這個地方跑到那個地方，再從那個地方跑到另一個地方，跑遍五湖四海、三山五嶽，到處流浪，像跑碼頭的。表面看起來是一個雲遊僧，實際上卻是一個流浪漢。

別做「馬溜子」

這種人在家的時候，就是孤僻、孤傲、孤獨的，因為在社會上不受歡迎或是無處容身，所以只好「遁入空門」——「逃佛」，逃到佛門裡面。逃到佛門以後，他還是一樣的孤僻、孤獨、孤傲、不合群，最後只好當「馬溜子」，或是弄個小廟，「青磬紅魚了此殘生」。

這對他自己來說，是浪費了一生，對佛教、對三寶也是一種資源的浪費。這種人護法護不起來，弘法又不會弘，只會在那邊享受三寶的資源；這種人愈多，佛法就愈衰微，愈讓人家看不起。

目前台灣抱著這種心態的人很多，就我所知，北部、中部、東部就有好幾個地方，有好多出家人是一個人住一間房，過著以前

「終南山七十二茅棚」式的生活，而那些大多是違章建築，佔著公家的地。

他們住在山裡「修行」，每隔一段時間，就下山去化緣，背一點米呀、菜呀、鹽呀、油呀回山去，等米糧缺了，再下山去化緣，心想等大徹大悟成就之後再去弘法。但這些人大概到死為止都沒有希望了，根本不要寄望他們為佛教做什麼，但也不能說這些人沒有用，至少他們不搶不偷，在山上打坐、拜佛、誦經，社會上也少了些做壞事的人。不過，這種人在山上和草木同朽，畢竟還是個懶人，表面看起來是出離心，其實是逃世心，不但沒有菩提心，反而練成自私心。

出離是不貪著，而不是逃離世間。如果我們台灣的佛教或者今後的佛教充斥著這類人，那佛教一定沒有未來。現在這些人還能夠存在的原因，是因為有許多佛教團體積極地在做關懷人間的事業，對社會有正面的奉獻，所以佛教在台灣還受重視。但大家要有警覺心，如果我們不繼續對社會奉獻，或是和社會脱節，那最終只有一條死路。

接下來，我們來談談「僧團」。我們的校名叫僧伽大學，「僧伽」就是僧團的意思。過去，我們稱女眾出家人為「尼」、男眾為「僧」，這是錯的，應該都稱為「僧」，女眾為「比丘尼僧」、男眾為「比丘僧」。

僧團是一個自利、利他的有機體

僧團，是一個群體，是一個注重自利、利他的有機體。佛在世時，對於僧團的界定就是群體的，譬如在釋尊成道以後，還沒有度化五比丘之前，有位商人來皈依佛陀，雖然那時候還沒有「僧伽」（或簡稱為「僧」）出現，但皈依的時候，佛陀還是要他「皈依佛、皈依法、皈依『未來僧伽』。

皈依「法」，是希望他得到「法」的利益，皈依「未來僧伽」，則是因為佛陀已經知道，如果要弘法利生，一定需要「僧伽」團體的力量。所以，如果只皈依佛、皈依法，那不算是佛教徒，因為構成佛教的「三寶」缺一了，同樣的，「三寶」缺二了，那就更不成佛教。但「佛教」這個名詞是後代才有的，古代印度並沒有「佛教」這個名詞，當時只有「沙門團」的稱呼，而釋迦牟尼佛的弟子所組成的沙門團即為「釋子沙門團」。

在一個團體裡，一定有不同能力的人。所謂「能力」，包括體能、智能、技能等，其中有些可以後天慢慢培養，有些則培養不起來，因為父母所生的資質，或者說「果報體」，都會因每個人過去生所修的福德智慧不同而有所差異。而僧團是由四面八方的人組成的，每個人都有每個人的生活背景和環境，以及不同的性格、能力和素質，怎麼可能要求每個人都長得一樣、想得一樣，連做事的品質也一樣！我們每個人的十隻手指頭都不可能長得一樣長短了，更不可能要求每個人都相同。

有了這層認知，我們進入僧團以後，就要適應、配合團體，來為團體服務、奉獻。適應團體，就是在學習；配合團體，能夠使我們成長；奉獻團體，則是我們的成就。簡言之，適應、配合、奉獻，是我們一邊成就團體，一邊成長自己的三項祕訣。

下面我舉一個例子。我們團體曾經有一位菩薩，他非常優秀，能力相當高，但是能夠配合他的人不多，大部分的人都沒有辦法達成他的要求。當其他人配合不上他的時候，他往往又急又氣，認為「這麼簡單的事都做不好！」、「明明應該這樣做的，怎麼會那樣做！」……。久而久之，就認為「這個團體沒有制度」、「這個團體沒有人才」、「這個團體亂七八糟」、「這個團體從師父以下，都是沒有原則的，那還有什麼希望？」待不到一年，就離開了。

然而，如果他能換一種態度，帶著來適應、來配合、來奉獻的心做事，這樣，能奉獻一百分，就是一百分；奉獻二十分，就是二十分。其他的人跟不上，那沒有辦法。就像雁在飛的時候，力量大的、體力好的就在前面帶頭，其他的就在後面跟；等前面的雁飛累了、飛得慢一些，後邊的雁又補位上來。

「隨眾」是適應大眾、配合大眾、奉獻大眾

俗話說：「嫁雞隨雞，嫁狗隨狗。」「入眾」以後就要「隨眾」，隨著大眾、適應大眾、配合大眾、奉獻大眾。請大家不要誤解隨眾很沒用，就只能跟著人家的後面跑。隨眾是隨著我們團體的因緣來適應、配合、奉獻，如果是帶領團體的人，也要以適應、配合、奉獻團體的態度來帶領，而不是自以為是領導人，就可以一意

孤行。像我剛才講的那位菩薩，雖然能力很強，但他不能適應、配合整體的大環境。因此，諸位要學習如何「入眾」、「出眾」、「隨眾」，這是處世的智慧，即使不是僧大的同學聽了也很有用。

我們的校名叫「僧伽大學」，目的是希望養成的學僧能夠成為人中龍象。龍是在天上飛、海裡游的，象則是在陸地上行走的，之所以稱為龍象，就是取其在天空、大海、陸地中最有威力、最自在的意象。龍雖然是天空和海洋最大的動物，但牠們護持三寶，我們稱之「護法龍天」，所以不會把眾生當成食物來吃，也不會凌虐、欺負其他的動物。而象雖然塊頭很大、牙齒很粗，力氣也很大，但牠也不吃動物。牠是吃草的純素食動物，甚至我們吃的都沒有那麼純。所以，當我們稱人為「龍象」，或稱呼出家眾為「法門龍象」時，就是讚歎他們像龍、像象一樣慈悲又有承擔力。

然而，龍剛生出來的時候，像蛇；象剛生出來的時候，像長著長鼻子的小狗；剛生出來的鳳凰，像小雞。諸位菩薩現在是龍子、象子、小鳳凰，但我們要學習發大悲願心，種下成為龍象的種子。否則，即使你出了家，剃了頭、換了衣服、受了戒，像個出家人，但終究不會成為龍象，而是像蛇、像小狗、像小雞。有些人一出家，就希望受到居士的禮拜、供養、讚歎，這種心是不知慚愧。雖然我們要求居士「皈依僧」，出家人也理應受到尊敬、受到供養。但要思考自己憑什麼受人家供養？受人家尊敬？

崇德報功，禮賢下士

中國人自古就有「崇德報功」、「禮賢下士」的觀念，強調對歷史的偉人、社會的賢達要「崇德報功」，而做為一個名人、偉人、賢者則要「禮賢下士」。禮賢，是以禮對待賢德的人；下士，則是以謙卑對待有能力的人。我對我的學生，也是這樣。我從不直呼我研究所出家學生的名字，一定是稱呼他「某某法師」；如果已經在教書，就稱「某某老師」。我在背後不直呼其名，在大眾面前更是如此。

我從不以為自己了不起，即使學生有成就，也是他們的智慧、福德以及他們的努力。錢是信徒出的，老師也不只我一個人，我只是湊熱鬧做了這一件事。因此對我來講，我無功給他們，也無德給他們。如果他們有成就，我也崇德報功，讚歎他們、感恩他們。所以，我們不要一出家，就要人家來恭敬你、供養你，也不要像俗人一樣，認什麼乾媽、乾姊、乾爹，和人家勾勾肩、搭搭背、摟摟腰，這不是禮賢下士，而是流俗。

雖說出家人不攀緣，但也不是要大家都跑到山裡當隱士。隱士並沒什麼不好，有一些人就是這樣的性格，對社會沒有熱忱也沒有貪求，世間忘掉他，他也忘掉世間，這是「遺世獨立」的人。不過，社會上還是有人崇拜他們，因為相較之下，爭權奪利的人實在太可怕了，而且在滿是爭權奪利的世界上，還有人能不爭權奪利，也挺讓人嚮往的。

其實我們出家眾，現在還是有很多人隱居在山裡，要不是因為有僧團在撐著場面，讓人們知道佛教對社會有貢獻，所以他們才能生存下來。如果我們這些佛教團體都不在了，出家人在台灣根本沒有生存的機會，因為社會非常現實，如果一旦被認為對社會無用，可能很快就會有法令來取締。

人人都是龍象

大陸文革時期，就是基於這個原因才對佛教大肆破壞。據說那時候大陸有五百萬出家眾，他們擁有的寺產非常多，譬如東初老人的道場——焦山定慧寺，就有一個名為「和尚洲」的大島，島上幾千畝地都是他們的，而島上的農民全數都是幫他們種田的佃農，每年焦山定慧寺的出家眾都會到那裡收租，而且不管是豐年、欠年，都收一定的量。

為了防止農民在裡面混一些稻糠、石頭、泥塊，收租的出家眾們對斤兩和品質都查得很嚴格，一定要一顆一顆地倒，而且要乾乾淨淨、漂漂亮亮的才收，一旦發現不合格的就要退貨。被退貨時，農民往往會說：「我們今年的收成不好！收的本來就是這種品質不好的稻！」那收租的和尚就會說：「你下次還要不要種？如果不要種，那你就不用繳了！」

因此農民對佛教很反感，認為和尚真是可惡。其實，寺院的本意是要鼓勵農民好好耕種、好好生產，因為除了固定要收租的量之外，其餘的都是他們自己的，但後來卻演變成這種模式。佛教到了這種程度，是非滅亡不可。

爲社會服務就是我們生存的條件

因此，現在有人問法鼓山有沒有生產事業或投資事業，我都會告訴他們：「為了救我們的子孫，法鼓山不准有生產事業。我們的生產，就是佛法，就是為社會服務奉獻，為社會服務就是我們生存的條件。」

其實，生產事業不一定可靠，就像現在我們看到的大企業，也不可能永遠存在。名稱或許可以維持很久，但經營者往往會換。因為子孫坐享其成，沒多久的工夫就沒有了。所以，我們僧團法師需要做的，就是發悲願心奉獻，為僧團和社會奉獻。譬如我們現在住在金山，就要對金山地區奉獻，帶給當地居民一些利益。如果我們老是在這裡坐享其成，將來便很危險。如何維持我們的生存？就是要奉獻。

你們不要聽我這樣講，就害怕心想：「糟糕，我們沒有生產事業，生活沒有保障，師父他老人家活著的時候我們還能生存，如果他老人家走了，那我們該怎麼辦？」其實，只要我們努力奉獻，不只我們自己能生存下去，也能讓別人生活下去。

另外，奉獻的時候，要用僧團團體的力量。譬如說你們諸位菩薩好像每個人奉獻得不多，但是因為我們是群體，所以呈現出來的力量是相當大。反之，如果你們一個個想要獨力奮鬥，那麼會是「螞蟻拜天公，無人知」。所以，在團體中，人人都是龍象，如果只有你一個人，那就成了螞蟻。而龍象是從團體出來的，所謂「出眾者龍象」，你不出眾，人家看不到你。因此，我們這個團體也要在所有的佛教團體中出眾，呈現出人家看得到的，那就變成龍象了。

（講於二〇〇二年四月十二日僧伽大學「創辦人時間」）

在家怎及出家好

有人問我：「如果年紀輕輕就出家，對社會沒有貢獻，不是把父母、社會多年來的投資教育給浪費了嗎？」其實社會也好、父母家庭也好，培育諸位的目的不外是希望諸位對家庭、社會有貢獻。那麼，難道出了家就無法對家庭社會有貢獻嗎？

我告訴諸位，出家對家庭更好，對社會更有幫助！我有一個學生，三十多年前出家的時候，被他的父母綁回去三次，但最後還是意志堅定地出家了。出家以後，他還去了日本讀書，現在已經得到博士學位回來，在大學任教。後來他的父母因病住在石牌榮民總醫院，雖生有四名子女，但都無法前來照顧，只有這位出了家的女兒在身邊照顧。而且有時他一個人照顧不過來，他的弟子和信徒就會一起幫忙，還稱呼他們為阿公、阿嬤。他們反而因此多了好多孫子和孫女，受到無微不至的照顧。

後來我去看兩位老人家，兩老一見到我，就流著眼淚跟我說：「當時我們用鍊子綁他、用棍子打他，寧願他死，也不願意他出家。我真是業障啊！」我說：「這是你的福報，當初如果不是你逼他逼成那個樣子，或許他出家的意志就不會這樣堅定，也才會覺得出家是件難得的事，而且就是因為你的女兒出家，現在不僅他照顧你，還有許多他的弟子和信徒輪流來照顧你，而我也才有那個機緣來看你們。」

所謂「以弘法為家務」，我們出家人，本來就是以弘法利生為任務，不論男眾還是女眾，只要出了家，就要奉獻所有的時間和心力來為社會、眾生服務。而且不僅僅是為現在的眾生，也要為未來的眾生服務。

所以，我回答那位對出家提出質疑的人：「出家人為眾生設想，而在家人若不是為個人的家庭，就是為事業工作設想，僅為少數的人忙碌而白白過一生，實在很可惜。所以如果是真有大志願的人，應該要來出家。」

我不是說在家人不好，但在家人思考的不是婚姻就是工作。就業以後也總是「做一行，怨一行」，真正熱愛工作的人很少，即使是工作狂也是因為太無奈，只有拚命工作來減除內心的衝突，讓心情安定下來。

戀愛呢？有人說戀愛是一杯苦酒，愛得你死我活，但畢竟很苦。像羅蜜歐和茱麗葉、梁山伯和祝英台，雖然愛得轟轟烈烈，卻苦不堪言。可是很多人認為如果沒有談戀愛，馬馬虎虎結了婚，又覺得平淡無奇；即使結了婚，剛開始很好，多半也好不了多久，畢竟人間佳偶、神仙眷屬並不多，家家都有一本難念的經。

結婚後接著生兒育女，辛辛苦苦、吵吵鬧鬧、哀哀怨怨，然後就慢慢地老了。老了就將希望寄託於下一代：「我已經老啦，這一輩子已經差不多了，希望下一代能夠更好一些。」雖然家族興旺的例子很多，但多數是興旺不過三代，即如民間俗諺所說的：「麻布袋、草布袋」，往往是「一袋（代）不如一袋（代）」。

我們出了家的人，不追求愛情，也不追求事業，沒有要為自己追求一個什麼目標，所以做任何事情都只是盡心盡力地奉獻，能做多少就做多少，發揮自己的生命力來為眾生奉獻。這不是很有意義嗎？因此，如果真要為我們的家族、社會設想，出家才是應當做的事。

當然我不是教諸位將來一定要學我，而是個人走個人的路。只要觀念正確，出家以後的路是平順快樂的，任何一個時刻都是在幸福之中，就像佛殿上所寫的：「自在無礙、本來面目。」我們本來就是自自然然，自在而心中無礙的，這就是出家的好處。

（講於二〇〇二年四月十三日九十一學年度僧伽大學「考生輔導」）

不講情理，講悲智

出家不是件容易的事，往往會受到障礙自己的牽絆而沒有辦法成功。我們的障礙可分為業障、報障和煩惱障，「業」是行為的意思，所以如果是因為身口意三業行為所造作的不善業而不能出家，那就是業障；而環境、身體都是果報，如果是因為環境或身體的障礙而不能出家，那就是報障。

習性重的人，煩惱也重

「煩惱障」可分為知見的煩惱及習性的煩惱；知見的煩惱還容易處理，只要觀念轉變，釐清知見，就能出家。但如果是習性的煩惱，就比較困難。譬如有的人貪習重、有的人瞋習重、有的人疑習重，或是慢心、懈怠心重，因為他就是那樣的性格，自然而然就會有那樣的習氣，這樣即使出了家也很痛苦。

我們出家眾即使落了髮，往往還是有習性。雖說習性不容易立刻改變，但還是要練習改。習性重的人，煩惱也會相對地重，而且還會認為是別人的煩惱重。這一些自己都不容易覺察到，如果能夠覺察到就要改，不改的話，在出家的一生中，會覺得「天下皆醉我獨醒」，然後憤世嫉俗、自命清高。這種人心中充滿了驕慢、瞋心，出家人必須把這些放下。

所以，凡是看別人不順眼，或是覺得人家不行、自己很了不起的時候，一定要先檢討一下自己，好好慚愧。如果不起慚愧心，還覺得自己樣樣行、樣樣懂，請問：天下之大，你能懂多少？天下多的是能人，你能多麼行？其實慢心重、疑心重、嫉妒心重的人，一定很痛苦，因為他們在傷人的同時，也會傷到自己。

請大家瞭解，各位來出家，這道場就是要消化你們的煩惱，而煩惱是要從生活中、小枝小節上來消，所以出家講究細行，無論行、住、坐、臥都要有威儀。你們不要小看了這些枝節，我們叫它「學佛行儀」，是成佛之路上一定要走的，目的就是讓我們在這些枝枝節節中檢點身心、約束身心，並且自我規範，如果能在其中減少你的習氣，你的煩惱就會跟著減少，這就是從生活中將煩惱消化了。否則，你可能會說：「我一向就是這樣！」「我向來誰的帳都不買，連父母都不甩。」「我不管，我有理！」

就有人曾跟我講，從小他就是站在有理的一邊，所以「有理能行天下」。

我反問他說：「有理就能『橫』行天下嗎？」「能」行跟「橫」行，雖然兩者之間只有一字之差，但其間的不同，值得我們好好思量一下！

我們出家人不講情理，講的是悲智。因為「理」會因不同的時代、環境和身分而有不同的標準，如果老是講自己的「理」而不管別人，那就是有理「橫」行天下了。舉例來說，對一個成人來講是合理的事，對兒童則未必合理；而女性和男性的標準，也各自不同。

還有，對在家人來講合理的，對出家人來講可能就不合理，譬如說結婚，如果我們出家人依在家人的理去結婚，那就有問題了！所以，理是依著場合、身分等的不同來說的。俗話說「公說公有理，婆說婆有理」，各有各的一套理，講也講不清楚，因此我才會說，我們出家人是不講理的。

將身心獻給三寶

諸位可能不知道自己是一身習氣，因為從小你的觀念、想法、作法就習慣這樣，所以會自以為沒有問題。但就佛法來說，那是「顛倒」。

有時徒弟們發生衝突來找我，雙方都認為自己有理；事實上，沒有理是不會衝突的，就是因為雙方都覺得有理，才會互不相讓。所以，出家人不講理，要用智慧，有智慧才不會起煩惱。

我們是來出家的，本來就一無所求，社會上的名、利、地位，還有親情、友情，什麼都放下了，把我們的身心完全奉獻給三寶，上求佛道、下度眾生。這樣還有什麼好吵的？還有什麼過不去的？所以，你們要清楚自己的習氣還是很重。

如果老是要講「理」，那會煩惱不盡、煩惱不已。我們要用慈悲、用智慧，而不是用情、用理。如果能用慈悲、智慧，大家就能和樂共處。反之，如果一定要講「我有理」，那誰沒有理呢？結果就是大家一起痛苦，所以一定要用慈悲、用智慧。

不講「情」的原因，是因為很容易變成情緒或是私情，那會很麻煩。出家人要講慈悲、智慧。慈悲是保護、幫助，沒有條件地給予，其中沒有佔有、自我中心，也沒有想要求得回饋的心。相反的，感情是彼此互相牽制的，譬如閩南語稱太太是「牽手」，就是兩個人牽連在一起。

另外，要出家就要有楚霸王破釜沉舟、背水一戰的決心，不要還為自己留下一個尾巴，或者是背了一個包袱來出家；就像弘一大師，他一旦決定出家，就什麼東西都不要了，意志非常堅決。所以說：「出家乃大丈夫事，非將相所能為。」因為將軍宰相雖能為國捐軀，但是功名利祿——捨不得的東西太多了。而我們出家人，就要像一個大丈夫；就如「荊軻刺秦王」的故事中，荊軻於出發之前所說的：「風蕭蕭兮，易水寒。壯士一去兮，不復還。」如果壯士一去，還想要有退路，那就不算是大丈夫了。諸位你們要做大丈夫，不論男眾、女眾都是一樣。

（講於二〇〇三年三月七日僧伽大學「創辦人時間」）

信心要足，心量要大

佛教講男女平等，而我們這個世間也開始強調男女平等，男女的貢獻也受到同等的重視，但女眾在工作上往往仍居於次要的地位。譬如美國，講男女平權已經很久了，法律上也明文規定禁止性別歧視、種族歧視，可是到現在為止，仍然沒有女性當上總統或國務卿。

即使現在布希政府裡的閣員，或參眾兩院裡的議員，女性的比例仍佔少數，而去年美國一百大企業的女性負責人也只有三個。由此來看，即使像美國法律、社會這樣保障女性，但女性的機會仍然有限。

最近，僧團派員參加了「全球和平婦女宗教暨精神領袖會議」（The Global Peace Initiative of Women Religious and Spiritual Leaders），其中有一位婦女領袖是基督教的一位牧師，會後她就「如何提高女性地位」這個問題來訪問我，當時我回答她：「提高女性地位的關鍵不在於我們怎麼提高它，而是女性自己要有信心。如果女性自己沒信心，在家依賴丈夫、在公司依賴上司，在平常就是想要依賴男性，這樣地位是無法提高的，所以我們要先幫助女性建立信心。」

「要建立信心，首先要開闊自己的心胸，看事情要從世界、眾生著眼，如果能從整體利益著眼，多為團體設想，那麼大家都需要你，你就是團體的主人。如果你老是看到自己或是周遭的幾個人，那是沒辦法站起來的。」

涵養心量及包容心

在釋迦牟尼佛的時代，如果家裡只有女性，很容易被欺負，因為女性勞動力不如男人，打架、吵架都比不過男人。但釋迦牟尼佛那個時代是農業社會，不像現在工商業時代，靠的不是肌肉的力量，而是頭腦的開創，這部分女性應該和男性相同。因此，我鼓勵女性要有信心、要獨立，而男性也一樣，否則很快就會被女性超越。

目前僧團女眾的人數漸漸增加，不僅是台灣，中國大陸也是。過去中國大陸女性出家沒有什麼地位和保障，譬如當時佛教界都習稱女眾部為愛道堂或二堂，地位是在男眾之後，而一般人要皈依三寶的時候，也都盡量想辦法找男眾比丘，很少願意皈依女眾比丘尼，所以女眾出家的人數很少，寺廟也不多。

現在不一樣了，譬如中國大陸四川有一位隆蓮法師，他就像台灣的證嚴法師一樣，有著崇高的地位，普遍受到大家的景仰。而目前中國大陸幾所大的佛學院大都設有女眾部，學僧都滿優秀的，不像過去我在中國大陸看到的女眾都是畏畏縮縮、躲躲藏藏的，不敢出來。還有好多中國佛教協會的祕書長、副祕書長之類的職務，都是由比丘尼擔任，甚至有些地方的佛教協會的會長就是比丘尼，可見中國大陸的女性在佛教界的地位是大大地改善了。

至於台灣，某位長老就曾經跟我講：「現在我們男眾是少數族群，如果要投票，一定輸給女眾。」照這樣推論，今天台灣佛教會的會長應該是女眾才對，但是很奇怪，女眾多半不投票給女眾，這可能是因為女眾自信心不足、心量不夠大，所以男眾雖然人數少，還是男眾當家。可是我現在跟大家講，男眾如果不爭氣，沒有包容心、大心量，將來就要受女眾照顧了。

服務奉獻不分性別、年齡

除了性別外，年齡的界線也漸漸被打破。譬如我在中國大陸看到好幾個大寺院的方丈都是只有二、三十歲的年輕人，二十一、二歲做監院、當家的人，也比比皆是，有的出家也不過兩年。我問他們：「出家兩年怎麼能夠當家呢？不是還有一些年紀大一點的，為什麼他們不當家呢？」他們回答：「不是沒有年紀大的人，但還是年輕的適合當家來為僧團服務。」

領導佛教，長老是受尊重的，可是為僧團服務則不一定要長老，年輕人反而比較適合。在釋迦牟尼佛的時代，也有這樣的例子。長老們一方面年紀大了，體能不及青年人，一方面學習能力也不如年輕人。

但也不是說年紀大了就不能再為佛教做事，我的《正信的佛教》

這本書是在三十一、二歲時寫的，《戒律學綱要》則是三十三、四歲時寫的。三十九歲去日本留學，博士論文完成時已四十五歲，已經算是晚的了。雖然晚了，還是要努力。

你們或許會認為，我這個人就是希望能夠讀書。其實，我不是很會讀書的人，只是想把佛法介紹給人，從來沒有想到要在佛教界成為一個著書立說的人。《正信的佛教》這本書，就是因為我看到誤解佛教的人太多了，才把一些問題整理出來，寫成文章奉獻給人。

而《戒律學綱要》則是因為我受戒時，發現很多戒師不懂戒，而授戒的人不懂戒，這很糟糕！當時我的戒師講戒的時候，都說戒律不好懂，已經很久沒有人知道它真正的意義了，想要知道的話，以後自己去探討吧！所以，我就寫了《戒律學綱要》。但我的目的不是要成為一個律師，而是想佛教既然以戒為師，就該讓大家明白，戒律的精神是什麼，釋迦牟尼佛制戒的精神是什麼，這樣才能有所遵循。要不然許多人一講持戒，就想到要持午；一講持戒，就是這個不好、那個不行。本來非常快樂的出家生活，結果只剩僵化和痛苦。

禪修、念佛並行

最近，我有一本書——《天台心鑰——教觀綱宗貫註》，得到了「中山學術獎」。我寫這本書，是因為近來漢傳佛教被中國人自己視為無用的東西，結果都跑去學藏傳佛教、南傳佛教，因此寫這本書以闡明漢傳佛教的價值。可能的話，我還要寫一本有關華嚴的著作，因為天台、華嚴、禪是我們中國漢傳佛教的代表。對我而言，天台、華嚴是我的教理背景，禪是我的方法，戒律則是我生活的指引。

那念佛呢？很多人以為念佛就只是淨土，其實念佛也是禪，而禪宗也講淨土；唯心淨土是淨土，西方淨土則是唯心淨土的一個領域。所以禪宗不念佛的人很少，但念佛的人不見得參禪；因此，我們雖然提倡禪修，也提倡念佛，這也是漢傳佛教的特色。

其實，漢傳佛教對漢人社會、漢人文化有它的適應性、必要性和需要性，尤其是禪宗。譬如在中國，不屬於禪宗道場的佛教寺院很少，雖然寺眾不見得懂禪，甚至也不坐禪，但招牌掛的常常就是某某禪寺，台灣也是這樣子。

值得一提的是，禪宗的適應性並不限於漢文化。西方人容易接受的佛法，不是中觀、不是唯識，但如果中觀、唯識配合著「禪」來講，或者是配合著「密」來說，他們就願意接受、願意聽。至於「念佛生淨土」，西方人會認為跟耶穌說的天國類似。所以在西方的社會，禪是比較容易被接受的，這也是我不論在西方或東方，都以弘揚禪法為主的原因。

而過去的人提到禪的時候，都認為是如來藏、真如，那是屬於真常唯心的禪法。我講的禪不是如來藏，我是把佛性講成空性，就是中觀的空。我指導禪修時，也是根據這一點。所以要證明人家見性很不容易，因為實證空性才叫見性。一般人所謂如來藏的體驗，譬如所謂的「打成一片」，或者前念與後念的統一，環境與自我的內外統一，那是統一心，是大我，並非真的空性。

這是佛教的危機，不與「空性」結合的禪，很容易變成「神我」外道。就像許多西方神父、猶太教教士來學禪，雖然已得到日本、韓國禪師所給予的見性證明，但他們依然是基督教、天主教、猶太教的傳教士。我問他們：「你們見了性以後，怎麼還是神父呢？」他們回答：「我們見的上帝跟佛性是一樣的啊！」但只要給他們進一步的指導，他們就會發現應該還要再深入、再往前，才能真正體驗「空性」。

很多人認為頭腦裡面空空洞洞，一片什麼也沒有，或者清清楚楚、明明朗朗，什麼也沒有，就是空性，這都是錯的！這不是見空性，這是空的經驗，空的經驗跟空性不一樣。虛雲老和尚五十六歲才開悟，這裡超過五十歲的也沒有幾個人，所以大家都還有機會、希望。

（講於二〇〇三年一月十日僧伽大學「創辦人時間」）

出家人的身心健康

人一出生就是跟老、病、死連在一起的。多活一天就是多老一天，多老一天就多接近死亡一天。但是，許多人都認為出生時叫「生」，等到像我這把年紀，頭髮白了、牙齒掉了、路走不動了，才叫「老」。其實「老」是時間的過程，我們一出生後，就和時間連結在一起，也隨著時間一步一步地老去。

然後是「病」，病是身體產生各種狀況。身體的病可分成兩類：一類是四大不調，另一類是飲食不調。四大不調有許多的原因，有些是生活的作息、有些是心理的因素、有些則是環境的狀況。甚至飲食不調、生活不調，環境狀況不能適應，都會四大不調。

以正面的心態面對疾病

而我們往往從胎裡就帶來了病，所以沒有病是不可能的。但是，有幾點應注意：第一、不要老是擔心自己害病；第二、有病要照顧；第三、有病千萬不要自己嚇自己，老是想：「不得了！我害病了！我完蛋了！」

記得我讀佛學院時，有一個同學經常有氣無力地唉聲歎氣著：「我有病啊！我有病啊！」還常常告訴別人：「我大概兩、三天以後就會死，你們要替我助念，請你們無論如何要幫我念佛啊！」

結果這位法師一輩子害病，到現在年齡比我大也還沒有死。但因為老是喊著：有病、有病、有病！於是人家只會可憐他，而不會尊敬他。其實他是有學問的，但別人親近他不是為了學法，而是可憐他無依無靠、沒人照顧，所以幫他帶點吃的東西過去，或是幫他打掃、洗衣服，因為供養病比丘就是供養佛。

我請問你們：「你們願意做這樣的人嗎？」我們學佛的人心理健康比身體健康重要，身體有病是正常的，如何以正面的心態來面對疾病，才是重要的。否則很容易因為自己有病，所以不想去完成工作、不想為眾生奉獻，這樣一輩子就浪費了。

佛法已經告訴我們：「身體是臭皮囊。」既然叫做臭皮囊，那當然不是很好的東西。可是我們仍然要用這臭皮囊做為修行的工具，所謂藉色身修行，色身就是臭皮囊。臭皮囊經常有病，正好也印證了佛法是真實不虛的，因為佛說人有生老病死，生老病死是跟我們連在一起的。

前天法鼓山在三義傳授菩薩戒的時候，我旁邊的兩位法師都在害病，我站他們中間，傳戒儀式進行了兩個小時。之後，我的頭就開始痛了，這就是環境的問題。但我不能因為有病就不工作，如果沒有人能代替我，該做的事還是要做。

所以我常說，我這個人沒有福報，連養病的權利都沒有。連我住院的時候，都有人拿著卷宗來請示，有時還找人來跟我開會。在這個世界我是沒得逃了，到這個地方這個地方有事，到那個地方那個地方有事，到美國去也是一樣，美國也有很多事等著處理。

但是換個角度來看，像我這樣的身體還能做這麼些事、還能為人服務，我還挺高興的呢！而且我也沒有因此而垮掉了。有的人像我同學那樣，一輩子沒做出什麼事來，害病也害了一輩子；可是有的人雖有病，但他一輩子也做了很多事；世上就是有這兩種不同的人。我不是說不能有病，只是有病還是要繼續用有病的身體，不過要調劑、要適中。

以智慧轉念面對逆境

接下來，要談心理的健康。要想心理健康，就要從心調整對環境的適應力。以我為例，因為我的免疫系統很差，醫生都希望我能和人多的地方隔離。我說：「阿彌陀佛，怎麼隔離法？我一隔離，什麼事都不用做了。我活一天算一天，盡形壽，在身體還能用的時候就用，小心就好。」

因為我要用我的生命奉獻，一直用到最後一口氣，所以生命很可貴，要好好地用它。除了要注意飲食、作息和環境的影響外，還要經常抱持一種心態：「我是為了奉獻而活」，不要老是考慮壽命長短或平安的問題。能夠用一天就是一天，一天過了就是賺到一天，一天又過了就又賺到一天奉獻的機會。

所以，不要為自己的壽命憂慮，也不要為自己的得失憂慮，能活的時候就繼續活下去，不能活了就死亡。得到什麼、失去什麼，往往都是虛幻的執著，出家人沒有東西好失去的。

譬如你們每個人都有課本，如果課本不見了，課還是要來上，不要一本書不見了，就不來上課。如果人家問起，就說不見了，不要因此覺得不好意思，課也不來上了，沒有這個必要。除了這種得失心不要有之外，讀書的時候也不要計較成績。分數好是正常，分數不好，如果是懈怠那當然要檢討，但如果已經盡了力那就問心無愧；盡力並不是拚命，而是盡你的心力、體力、時間，盡你所能夠做得到的，不要那麼緊張，內心要保持平和。

另外，最重要的一點是，不要在乎別人對自己的印象，因為希望沒有人批評是不可能的。如果你是一個好人，壞人就會批評你；如果你是一個壞人，好人就會批評你；你不好不壞，好人看你不夠好、壞人看你不夠壞，兩邊都批評你。

所以，不要在乎人家對你的想法，只要考慮自己對人是否誠懇、謙虛、包容和願意奉獻，其餘都不是重點。包容是什麼意思？包容不同的意見和想法。從你的角度來看，別人可能是無理的，但若試著以同理心看待他人行為，就能包容他。

最近，我看見前清華大學的劉炯朗校長，他在任期居滿的前一天去監獄探訪了一位洪姓女學生。大約在三、四年前，這位洪同學為了搶男朋友而殺害了她的女同學。一般人會認為這位洪同學是一個很可恥、很可惡的人，但劉校長到監獄去看她，並且鼓勵她、叮囑她要堅強，多讀書，往前看，她聽了好感動，這樣就是包容她。她做錯事了，當然要指正她、糾正她，但還是要包容她，讓她有機會改過，不要認為這個人十惡不赦，大家就都排斥她。

還有，不要老是想到自己的前途。過去曾有法師問我：「師父，我們將來的前途是什麼？」我小時候福報不如你們，不知道問師父我的前途如何；到了第二次出家，我也不敢問我的師父東初老人，只是覺得能讓我做和尚就很滿意了。至於未來，就一步一步地走下去，我只想把現在做好，未來是因緣。

幾個月前，我為了準備座談會，看了一部小說《笑傲江湖》，男主角令狐沖因為師妹移情別戀，心中非常痛苦。當時他去見日月神教的教主，這教主就跟他講：「你將來會有另外的因緣，不要老是回頭看，繼續為過去的因緣痛苦，而要向未來看。」佛法講「因緣福報」、「因緣福德」，如果你過去有福有德，那麼你現在就能有好的因緣；如果過去沒有種好的福德，那麼你現在的因緣就會比較辛苦一些，沒有那麼順利。所以你現在要多種一些福德，未來你的因緣也會成熟。

服務奉獻種福培德

譬如過去有一位高僧，因為沒有供養、也沒有信徒，心中非常苦惱，他就問另一位老和尚：「像我這樣沒有人供養的人，將來不知道該怎麼辦？」這位老和尚就告訴他：「這樣好了，春夏交替的時候，你就脫了衣服到草叢裡打坐，如果有什麼蚊蟲叮你，就讓牠叮，因為你也沒有什麼東西可以布施、又不會說法，那就布施血好了。」

他聽了老和尚的話之後，就脫了衣服跑到草叢中打坐，而且還對來叮他的蚊蟲授三皈依：「你們要皈依佛、皈依法、皈依僧，我結你們的緣，將來你們要學佛、要做三寶弟子。」結果，這個人到了六十幾歲以後信徒很多，而且都是年輕人。

而我這個人過去沒種過什麼福德，也是一個沒有什麼福報的人。我的師父，也就是你們的師公，他老人家每次都跟我講：「聖嚴，你有一些小聰明，但是你沒有福報，你要多結人緣呀！」我說：「我沒有什麼東西好跟人結緣的。」他說：「你要多為人服務，像某某法師他的福報很大，因緣很具足，你要跟他學，多修福。」

那時候我並不知道自己什麼時候才能做到，但我還是發了一個願，要盡我的能力把所知道的佛法奉獻給他人。不過，我不會一見到人就要為他說法、就要他來當我的徒弟，我沒這個勇氣。我只能做到當人家來問我佛法時，盡我所知的告訴他。

面對逆緣步步踏實

記得我第一次講經時只有十三個人聽，都是福嚴精舍的學生。那次是在新竹居士林講《梵網經菩薩戒本》，本來是居士請我去講經的，但很奇怪，第一天、第二天過了，漸漸地那些居士就不來了。因為當時我借住在福嚴佛學院，他們看我講經沒有人聽，挺可憐的，所以他們的教務長就向學生們說：「有位年輕的法師在講經，你們要去聽呀！今天你去聽人家講經，將來人家才會來聽你的。」他們是為了護持我這個法師，所以才來聽經，否則就只剩下三個居士在聽我講。後來我因為深感自己沒有人緣，法緣不殊勝，所以就去閉關了。

我的因緣，是寫文章寫出來的。那時候我寫了《正信的佛教》一系列的問題，交給《菩提樹》雜誌去發表。不過，那時候並沒有人覺得我聖嚴有什麼了不起，只知道有個聖嚴在《菩提樹》上寫文章。後來《正信的佛教》由星雲法師的佛教文化服務處替我出版了一千本，主要也是靠佛學院的同學來跟我「預約」。當時我找了佛學院的老師跟他們疏通，請他們來預約我的書。這些佛學院的老師就說：「這位法師的書你們要看，將來你們的書人家才會看。」就這樣鼓勵他們看我的書。

《正信的佛教》是我閉關時出的書，然後我去日本留學獲得博士學位回來，已經過了十年的時間，我就問星雲法師：「我那本《正信的佛教》賣幾版了？」星雲法師回答說：「真的很對不起，您那本書的第一版，還有幾百本沒賣完。」我就說：「這樣好了，我的書讓我自己印好不好？我自己印了送人。」他說：「反正也賣不掉，您就拿去印吧！」

印了以後，因為有幾位居士買來到處與人結緣，才開始受到歡迎，到現在為止總共發行了三百多萬冊，成為經典之作。不但在台灣、海外、大陸等地都有流通，甚至曾被翻譯成越南文。現在人家在網路上討論佛法時，除了印順法師的書外，最常被引用到的就是這本書。後來，我的名字才漸漸為人熟知，看我書的人也就多了起來，因緣就是這樣來的。

說起來，《正信的佛教》這本書的歷程滿奇怪的，人家幫我出書，十年賣不完，聽起來很寒心，一本書十年沒人要。但是我想告訴你們，未來到底如何，是看個人的因緣福德。過去有因緣福德的，未來就會遇到好因緣；過去沒有因緣福德的，現在就要多奉獻、多結人緣。

（講於二〇〇二年二月二十二日僧伽大學「創辦人時間」）

長者行誼

佛的慈悲與智慧

「精神」是非常抽象的名詞，到底精神是存在什麼樣的狀況下？如果生病或死亡，還有精神嗎？

最近我在紐約遇到一位印度教的先生，他將老師的照片供在辦公室裡，平常進入辦公室的第一件事，就是向老師的照片合掌、行禮，然後很用心地注視他。

我問他：「您師父還在嗎？」

他回答：「還在的。」

我又問：「他幾歲了？」

他回答：「他沒有身體。」

我覺得有意思了，就問說：「沒有身體，怎麼說還在呢？」

他告訴我：「我每天來看他的照片，向他問訊、行禮，就能感受到老師與我之間的交流。而且每當我碰到困難，只要來看看老師，往往就能得到一些啓示。這不是用聲音、語言，純粹是一種精神（spirit）的溝通。」所以，這裡講的精神，依佛法來說，指的就是功德身、智慧身，或者說是法身。

最近，西安法門寺地宮裡發現的佛指舍利即將被迎請到台灣來，因此有人問我：「那佛指是真的嗎？」我說：「很難說釋迦牟尼佛有留下什麼手指，可是從歷史的傳說來看，這手指從印度傳到西域，然後傳到中國，在唐朝的文獻中也都有記載。所以無論如何，還是一項重要的文物。而且即使是假的，也很值得，因為這代表著佛的精神。」

以心體會佛的精神

換句話說，雖然它不一定真的是佛陀身上的東西，但是只要我們把它當成佛，它就是佛了。這就好像我們向釋尊像行禮，釋尊像也不是真的釋尊，但它是釋尊的象徵，也代表著佛的精神。不過，佛的精神不一定要透過「舍利」才能表現出來，因為每個人有不同的需求、不同的信仰、不同的依賴，精神就以不同的形象呈現。

那麼，佛的精神究竟是什麼？我們可以說，佛的精神就是慈悲與智慧，形象只是代表。例如我們法鼓山山上有好幾個佛殿，每個佛殿都有佛像，佛像所代表的就是佛，但它不是真的佛，而是佛的象徵。

因此，我現在問你們：「如果我害病，躺在醫院不省人事，那麼我的精神還有沒有？我的精神在哪裡呢？」在你們的心中啊！當你們和這個世界感受到，我這個人對你們及這個世界曾經有過的影響和功能，那就是我的精神了。

前天，圖書資訊館正式啓用，我看到好多不同版本的《大藏經》，其中有一套是我的師父——東初老人，以中華佛教文化館的名義印行的。它是台灣最早的一套《大藏經》，當時只發行了五百套。在這之前，台灣是不容易找到藏經的，因此，有許多圖書館或比較大的寺院都來請書，這對當時台灣佛教界、學術界的影響與貢獻，可以說是非常的大。

不過，後來我也發現，許多寺院把藏經請回去後，大都用兩個櫃子陳列，放在佛像的兩邊；或者在佛龕裡裝了架子，然後把藏經放在裡面，鎖起來。我問他們：「藏經有沒有人看呢？」他們回答說：「有呀！我們每天都在看，信徒們來拜佛，也都看到了。」這也不能說都沒有人看，只不過這就如同「佛像」是「佛寶」的代表一樣，這套藏經已被當作「法寶」，是一種精神的象徵了。

不求名位但求盡心盡力

直到今天，這部藏經的影響力都還在，而老和尚的付出與貢獻均蘊涵其中，因此，只要有藏經的地方，我們老和尚的精神就在那裡，不會因他往生而消失。

昨天我在中視錄影，也談到類似的問題。節目中請到一位卸任立委來擔任對談貴賓，他是基督徒，先前競選立法委員，結果高票落選。在節目中他提到，因為自覺在任內付出很多，可是最後卻落選，所以有一種被選民拋棄的感覺。於是我就跟他說：「你擔任立法委員期間，對我們國家、政府都盡心盡力地奉獻了，將來即使沒有人記得你做了什麼事，或是你的名字，那都不重要，因為你奉獻出來的精神已經永遠在那裡了。」

其實人是很健忘的，今天我聖嚴在這裡，因為這地方是我創辦的，所以大家覺得聖嚴師父是我們的創辦人、恩人。可是，我告訴大家，如果接下來有幾位後繼的優秀人才出現，對我這個老的、過去的人，沒有幾年就會淡忘。但是，人的精神不會因為名字沒有而消失，所以千萬不要將成敗寄託在外在的形式上。

精神，看起來是一時間的，其實它是長久的。譬如你今天掃廁所，把它弄得乾乾淨淨的，讓人感覺很舒服，使用過的人心情都很好，之後這個人一天之中無論做什麼事，都延續著好心情，這樣，一時間的功能延續下去，則一天的功能延續下去。所以，不要執著名的大小、功德多少，只要當下盡心盡力去做，影響力就會產生，精神就會長存。

（講於二〇〇二年一月十一日僧伽大學「創辦人時間」）

安住道場，行同事攝

首先，想問諸位一個問題：「台灣有許多道場，為什麼你們要來法鼓山出家？」

當你們還沒有進法鼓山之前，有的人是懷抱著夢想或規畫，想像著出家是怎麼樣的生活、大概要做些什麼；有的人則是迷迷糊糊的，只想著「要出家」，然後帶著一顆迷迷糊糊的心，到處去碰、到處去闖，看看這個地方、看看那個地方，如果適合，就在那邊住下來，不適合就離開。

那麼，什麼叫做「適合」？也不是真正的清楚，可能就是「適合我的個性」、「適合我的生活習慣」、「適合我自己的幻想」……

……，如果是這樣，出家和在家有什麼不一樣？不過是把自己的想法、習性和嗜好，通通背在身上，然後背著到另一個地方，這樣子出家和在家是沒有什麼差別的。

安住產生修行的力量

而出家的原因，有的人可能是因為目睹家人的生離死別，就說：「看破人生，要出家了！」但是剃了頭、換了衣，生離死別卻也還在。有的人可能是因為事業失敗、愛情破裂……，在人生路途上遇到重大的挫折，就說：「看破紅塵，要放下一切出家去了！」還有許多中年以上的人，出家是為了擺脫現有的生活型態、生活環境而想轉換軌道，反正甜頭、苦頭，在家人所有一切的滋味都嘗過了，只差沒嘗過出家的滋味，於是就來出家。

如果問他：「出家以後要做什麼？出家的軌道是怎麼走的？」

他可能沒有任何概念，就只會說：「出了家再說！」如果是這樣，到任何道場出家都是相同的，只是要找一個地方剃頭而已，沒有必要一定要來法鼓山出家。

此外，還有一種情形，就是有些人在一個道場沒有辦法安住時，就會想：「此處不留人，自有留人處」、「出家無家，處處是家」，認為出家人不一定要在一個地方安住下去，到什麼地方都可以。對道場沒有認同感、歸屬感，心肯定安不下來，然後就會想離開，去飄泊流浪當一個「馬溜子」。

出家人如果養成了浮動不安的習性，不願意在一個道場安住下來，常常在一個地方住個兩天腳底就癢，就想再到其他地方，說得好聽叫「行腳」，實際上是「馬溜子」，結果一生就這麼流浪到死，對社會沒盡什麼責任、做什麼奉獻。

出家，是要安住道場、適應所依止的道場，不是讓道場來適應自己的習性、幻想。每一個道場都有它的道風，法鼓山也有法鼓山的風格、理念。我們依常住的道風、理念而共同生活、共同成長，然後共同實踐我們的理念、推廣我們的道風，也就是說，我們依止常住，常住成就我們。

在高僧傳裡，我們常常可以讀到一些古大德，他們修學時，如果依止的道場已沒有什麼可以學習、成長了，師父就會把徒弟送到大道場親近大善知識學習。這情形在台灣也有，有一些小寺廟，只有一個師父帶一、兩個徒弟，因為沒有辦法使徒弟按部就班地學習，於是將徒弟送到佛學院讀書、磨練，希望徒弟學成以後再回到道場奉獻。

此外，也有一些古大德在一個道場親近善知識多年，因為另外有奉獻的因緣，便結束這地方的修業而到另一個地方服務。譬如過去有些大德因為在寺廟、叢林裡擔任某一項執事頗具好評，就會有人請他去其他寺廟當方丈，或是到某地開發、弘法。但這都必須要在本道場有歷練才行，沒有在本道場歷練就跑出去闖，往往只會闖出一頭膿包。

以和敬適應大眾

你們來出家，一定要先學習常住的道風，所謂道風，是大家一起養成的風格，我們的校訓——悲、智、和、敬，就是我們的道風。其中「和敬」是最基本的，如何做到和敬呢？舉個例子來說，如果我們和他人的意見不同時，這時可以將意見委婉表達出來，而不要與人正面起衝突；如果對方堅持他的意見也沒關係，他不跟你和、你跟他和，他堅持他的想法，你就順他一次，他也無法老是要別人順從他。

有的人很強勢，總是認為自己講的是對的、其他人都不對，在團體裡，這種極端強勢的人，最後通常會變成一個獨裁者，不准別人有意見。如果你是這種人，那麼大家都會怕你，對你敬而遠之，心想：「我們都不對，那你就一個人去『對』吧！」如此就不能和敬了。

因此，即使自己的意見是正確的，但大家卻不能接受的時候，應該暫時放棄自己的想法，順從大家。如果你就是認為自己的意見很高明，可是這些人卻都聽不懂，為了要幫助他們，自己要先適應他們；你雖然聰明、能幹、智慧高，但是你所處的團體是不一樣的層次，在這種情形下，你要先融入他們的層次，才能對他們有所幫助。

譬如我跟一群小朋友在一起，當他們吱吱喳喳地給我許多意見，我要駁斥、反對他們的意見嗎？他們問我：「師公！我講的對不對？」我說：「對！對！當然對。」小朋友聽了好高興，便願意跟我在一起，跟我做朋友，他們認為師公很好、很隨和，以後我說的話，他們就會聽了。如果你就是覺得他們幼稚、不成熟，不贊同他們的意見，他們便會覺得這個老和尚很古怪，不敢和我相處了。所以，與人相處或者共事，要以和樂、和敬為基礎。

你們之中，聰明、能幹的人很多，但不管多聰明、多能幹，都應該明瞭在團體中生活，是自己要適應大眾，而不是要大眾來適應你，在適應大眾之後，你自然而然地可以把大眾帶起來。如「四攝法」裡的「同事攝」，「同事」就是指我先跟大眾「同」，使得大眾也能同意我。

就以千手千眼觀世音菩薩來說，他之所以能夠同時適應、應對無量無數恆河沙世間眾生的祈求，像有無量手、無量眼，能無處不現身一般，就在於他能適應眾生。所以，我們要學觀世音菩薩，度眾生時要適應眾生，在團體裡要適應每一個人，你能適應每一個人，你就是團體裡的領袖。

當然這裡所說的「領袖」，不是當方丈的意思。領袖，有意見的領袖、有職務的領袖、有德行的領袖。德行的領袖是以德服人，這類人不見得有什麼大名聲，就是默默地在道場住上幾十年，但在這幾十年中，他的一言一行都能影響人。

也就是說，有些人雖然默默無聞，但對團體卻能產生潛移默化的影響力。所以，並不一定要方丈和尚才能度化人，方丈和尚只是一個代表，我們團體中的每一個人都能度化人，在言行舉止上、在道業道心上，去感動人、影響人，就是在起教化作用。

因此，我們在日常生活中就可以發揮觀世音菩薩的精神，學習去適應每一個人，才能在團體裡產生感化力、影響力。至於是不是擔任什麼重要的執事、是不是有名望，都不是問題。有些人適合做行政工作，有的人沒有領什麼重要的行政工作，但是卻可以在團體裡默默地奉獻，做一些凝聚或融合的工作。

消融自我，爲衆服務

我曾經講過一個故事：古時候，曾經有個出家人到某道場掛單，一住就是很多年，他的面容蠟黃，好像得了黃疸病，但是他每天都把寺裡的廁所打掃得乾乾淨淨，也不知他是在什麼時候打掃的，反正人們一早起來用廁所，就已是乾淨的了；除了打掃廁所之外，他也很精進用功。

後來他突然不見了，人們非常懷念他。其實，這個人曾是另一個道場的方丈，退位以後，他就去另外一個道場做淨頭，專門掃廁所，也因此而影響了那個道場的道風，直到被認出來了才離開。所以，不管有名無名、職務大小、工作多少，這都不是問題，道心、行為、威儀，都能感動人、度化人、影響人。

同樣的，你們現在即使只是學僧，還是可以一邊自化、一邊度人。你們師兄弟之間，彼此要互相幫助，學習對方的長處、原諒他人的短處，「三人行必有我師」，你度他、他度你，可以互為師友。

而且，我們法鼓山的理念是「提昇人的品質，建設人間淨土」，「提昇人的品質」應該從提昇自己開始做起，從糾正自己的習性，改善自己的想法、觀念、行為做起；「建設人間淨土」不是叫別人建設，而是我們自己去建設。我們自己把環境建設成為淨土，這樣才能影響他人。

再者，法鼓山的理念，適應我們的時代、我們的社會，這是在法鼓山出家的殊勝。有的道場走的是守舊、復古的路，但這條路是走不通的，因為時代是往前走的，標榜復古，那就進入歷史、成了古董，不僅很難產生弘化的功能，可能連生存也會有問題。所以，我們的團體要承先啓後，本著古大德的典範與精神，開啓適應時代、適應社會的弘化之路。

（摘錄整理自二〇〇四年四月九日僧伽大學「創辦人時間」）

修忍辱行

台灣有一位很有名的大苦行僧——廣欽老和尚，因為他只吃水果，所以後人都叫他「水果師」（台語）。我當時曾經開玩笑地問他老人家：「您專門吃水果，您曉得水果很貴的，一般人家一天不容易找到一顆水果吃。」

他回答：「是呀！可是我也沒有一定要吃水果，只是山裡只有果子，並不是我不想吃飯。」其實他是有什麼就吃什麼，因為在山裡沒有東西吃，所以才吃野生的果子，而且不是老是吃那麼漂亮的水果。

在沒有東西吃的時候，有時連鳥吃的樹子也會吃。所以，你們不要把一些高僧的行誼看成好浪漫，老是想到好的，以為每天可以吃香蕉、蘋果、梨子……，不要想得那麼高興。

出家人的典範與行誼

另外，台灣曾有一位比丘尼，叫無名比丘尼，他沒出家以前我就認識他，他也到我們文化館掛單過。這位比丘尼的體質跟一般人不太一樣，好像不會害病，生活方式也很特殊。他不需要床鋪，穿衣服不講究，到了冬天也不需要太多禦寒的衣物，在沒有常住一個道場之前，都是到處掛單、行腳，相當堅強，一般人是沒辦法做到的。

像廣欽老和尚、無名比丘尼這種人，在一個時代裡難得會有一、兩個，如果多了，多數是假的，只是學個樣子讓人覺得這個法師是苦行僧而讚歎、供養他。如果真有這種心，這本身就有問題。

無名比丘尼、廣欽老和尚，他們修苦行的目的不是要給人家看，而是因為生活背景、生存環境、生存條件，自然而然形成的。廣欽老和尚在山裡只有水果吃，所以就只能吃水果，自小形成適合只吃水果的體質。像我閉關時，在山裡沒有什麼東西吃，經常吃的就是番薯葉，後來最習慣吃的、最適合腸胃的，也就是番薯葉，就好像羊吃草、牛吃草，自然就習慣了。

所以，不要裝成可憐樣子說要去修苦行，那不是苦行，那是「作怪」，有些人裝模作怪為求人家供養、恭敬、禮拜，甚至為求名求利。苦行不是學出來的，是自然的。如果有人罵你、冤枉你、把你趕出廟，苦行僧一定還是會打從心裡禮敬他們，說：「阿彌陀佛！這樣成就我。」

中國大陸在文化大革命期間，出家人被迫還俗，寺廟也被毀壞，那時出家人穿著在家衣服，在工廠裡，男女混合編組地工作，完全看不出出家人的樣子。但還是有一些比丘、比丘尼，無論怎麼折磨、威脅，仍然堅持出家獨身。他們還經常在上了政治課之後，自己一個人偷偷打坐、念佛。沒有佛經，就默默背誦頭腦記得的經文，默默地做早晚課。

在一九七六年開放後，寺院一間一間重新開放，需要出家人投入恢復的工作。但多數出家人都還了俗、生了孩子，只有少數沒有結婚生孩子的人，像我的一位師兄，他是東初老人的法子，叫茗山長老，以及大陸現任中國佛教會會長——一誠長老、金山的慈舟長老，還有本煥長老、隆蓮比丘尼，他們都沒有結婚。這些鳳毛麟角的出家人，在當時的社會是受折磨的，但是他們意志不改、心願不改。大陸政策開放後，就靠這些少數人把佛教重新恢復起來，因此也受到人們的敬重。譬如我的老師——育枚長老，當初也是歷經艱苦、堅忍卓絕地持守出家的意志，南通地方的佛教就是靠他帶起來的。

反觀一些結了婚的人呢？像有一位頂頂有名的法師，在大陸恢復佛教活動後，也被請回寺廟，雖然他穿著出家人的衣服，但因為還了俗、生了孩子，實際上並不是出家人了，人家就看不起他，不稱他法師。我在狼山的師長，除了育枚長老，很多都結了婚、有兒孫；而我在大陸的同學，我回去看到的，也大都結了婚。我的同學都七十多歲了，七十多歲的居士重新再出家的是有，在寺廟裡做維那領單子，在趕經懺，都那麼老了，真的很可憐！

面對無常能屈能伸

出家人能屈能伸，「與乞丐人同行，不以為低；跟君王並坐，不以為尊貴」、「下與乞丐同行，不以為卑賤；上與君王並坐，不以為尊貴」，這幾句話要記得。現在，很多政府官員是我的弟子，對我很尊敬，但我不會仗他們的氣勢來欺負人，耀武揚威。政治人物的命運很無常，今天上台、明天下台，今天指揮人，明天可能成為牢裡的囚犯；有錢的人也是一樣，一夜之間可能就破產。對於出家人而言，這些都不是我們所要追求的。

有人說我們法鼓山，家大、業大、名大，但這些都不是我個人的。錢也不是我的，我是發願心在做事，用心把它經營起來，所有的東西都不是我的。而且我吃得很少，睡覺的地方只要一張床鋪就足夠了，衣服也就是這些，哪個時候就兩眼一閉，一口氣上不來了，那這些東西是誰的呢？這些東西是有福報的人的，凡是懂得用它、參與它的人，就是有福報的人。

前天我去高雄紫雲寺晉山、開光，住了兩個晚上，那個道場是我的嗎？住在那裡的是幾位領執的法師，使用的是高雄地區的信徒，還有老比丘尼。我只是奉獻，擔責任。大家沒有飯吃時，或是信徒之間發生問題解決不了時，要來找我處理，我的「好處」大概就是這樣，沒有其他的好處。落成的時候大家歡歡喜喜的，反倒是我忙碌了一整天。

世界就是這個樣子，我們出家人沒有東西屬於自己，還追求什麼名、什麼利？還追求什麼人家的恭敬、供養？佛經裡不是不斷訓勉我們出家人，名聞利養是地獄的因嗎？在我小時候，常常聽到一些大德法師們，罵出家人是地獄種子，也就是說，老是在名聞利養裡打轉，就是種了地獄的因！

舉例來說：過去在大陸，有的人是因為曾在社會上、事業上、功名上出過頭，動過頭腦，後來不得力、或者遭受挫折了才來出家。出了家以後，爭強鬥勝的習氣不改，看到寺院的出家人，就是做飯、掃地，好像傻傻的，都是一些平庸的人，於是就想：自己那麼聰明，至少可以當方丈看看。這就是在名聞利養上打轉的心態，很糟糕！出家所為何事？大家可以好好思考一下。

另外，有人出家了，受了委屈，因為師兄弟大聲吼他，而執事沒有馬上處理，他覺得自己是弱者，受人欺負，出家比在家還要痛苦，所以想要離開道場。我們出家不求公平、不求合理、不怕受委屈，否則出家出不成。團體裡，並沒有故意訓練幾隻「老虎」來吃人，而是那些人在家時就是老虎，還沒出家時在外面吃人，出了家不敢吃人就吼人。這種人每個團體可能都有，僧團只好找「馴獸師」來馴這些老虎不要吼，吼的時候就會愈來愈少。

而被吼的人要修忍辱行，如果你被吼，就要想：「老虎在吼了！」那你就沒事了。不要他一吼，你心臟就碰碰跳，嚇得要死，你跟他談話的時候，就深呼吸，反正他也不會咬你，就讓他吼吧！我們出家人就要像這樣自己調心，自己成就自己，但這並不是慫恿那些老虎吼人，而是團體就是這樣，有一些人就是沒有辦法控制自己，其實他自己也很痛苦。

要做高僧就要先接受委屈，接受被冤枉，接受種種的不合理。就當這些給人苦惱的人都是菩薩，讓我們修忍辱行，而他們是很可憐的，他們也為自己這種行為煩惱、痛苦，但我們把他當成菩薩，他們自己痛苦而讓我們練習成為高僧。

在二十一世紀的台灣，出家是非常光榮的事，也是非常神聖的事。在我出家的時候，如果早上出門，遇到賭徒，他可能就會罵我一句很難聽的話——「賊禿」，因為看到我的頭是光的，就好像咒他輸光一樣；還有，我們的壓箱寶——「空」，一大早就看到空門的人，即一定會輸，就倒楣了。可是現在我們到哪一個地方去，多半的人都會用恭敬的心，稱呼你法師。

現在，優秀的人要出家，出家的人也都是優秀的，對於社會國家是有大貢獻的。我們是奉獻給整個世界、整個歷史的，像釋迦牟尼佛以及歷代高僧，都是奉獻給整個人類、整個歷史，我們要這樣期許自己，要有自信心。

（講於二〇〇三年三月四日「高僧行誼」課程）

東初老人行誼一二事

我的師父東初老人，有很多行誼是值得我們學習的。譬如他一生省吃儉用，從來不叫窮。一個出家人沒有信徒，當然沒錢，但是他從來不跟人家說「我很窮」。

他認為：「做和尚本來就窮，你再叫窮，人家都怕你。」許多人都怕窮人，連叫化子都怕窮人。如果自己喊窮，窮人怕你，富人當然更怕你，怕你來化緣。不喊窮，就是沒有想要人家給什麼東西。自己不喊窮，至少人家不怕，這時候我們還可以給他一點佛法。

他老人家一生省吃儉用，每天早餐吃稀飯，最好的配菜是豆腐乳，他一塊豆腐乳要吃上一、兩個星期；用鹽炒的椒鹽花生米，炒了一瓶放在玻璃罐裡，每一次吃的時候，就倒出七粒，從來沒有超過七粒。我問他：「師父，為什麼只七粒呢？」他說：「七是一個很有意思的數字。」他最好的早餐就是這樣，七粒花生米，還有一點點的豆腐乳。

我們現在買豆腐，是一板一板、一疊一疊地買。吃豆腐的時候，是一整塊地挑起來往盤子裡放，一下子就吃完了。當時文化館有五、六個人，買豆腐時就買一塊，然後切成一小片、一小片放在菜裡，我們可以看到白的顏色就是豆腐。或者是在鍋子裡煎一煎，它不會碎掉，就這樣地省吃。

還有，我們重建新房子時，要把舊牆先打掉，當時老和尚親自將打下來的舊磚頭上稜稜角角的水泥敲掉，然後拼起來又成了一塊。其實，那時候的磚頭並不是那麼貴，以人工來算是不合算的。

那時有一些工人就笑我們說：「老師父，你敲得這麼辛苦，一天的工錢也買不了幾塊磚頭，為什麼還要敲呢？而且，這些磚頭已經壞掉沒有用了。」老和尚回答：「你們做工是有工錢的，我做不做工都沒有錢，但是我多敲幾塊磚頭能省得幾塊錢，還是很合算的。」他就是這樣的儉用。

還有一次，我有一把剃頭刀，已經用了很久，因為有人送我一把新的，而這把剃刀又舊又鈍，所以我就把它丟了。但是，後來我卻在我師父的房間裡看到它，他看被我發現了，有一點不好意思，就解釋說：「聖嚴，我是從垃圾桶裡撿來的，不是偷的呀！」這句話真是讓我覺得很慚愧！本來不能用的刀，他請人磨一磨就可以用了，也省下買新刀的錢。從此以後，我的東西一定用到不能用、沒辦法用為止。

老和尚之所以被稱為高僧，並不是因為蓋文化館、印《大藏經》。營造商、建築公司都會蓋房子，沒什麼稀奇；而印一部《大藏經》，現在的出版社、印刷公司出版的書多的是，也沒什麼了不起。我們要看的是事蹟背後的行誼，他沒有錢，怎麼能夠蓋文化館？他是靠著省吃儉用，一點一點地感動人，才能夠把文化館建起來，這些行誼在他的傳記裡是看不到的。

（講於二〇〇三年三月二十五日「高僧行誼」課程）

行誼化世，風範長存

高僧的生命，可以從「思想」、「行誼」、「事蹟」三個面向來看，其中的行誼，大要地說，就是高僧一生處世的風範。

言不在多，貴於精簡扼要，最重要的是，大家能夠聽懂、能夠運用。我利用今天的課，為大家介紹幾位大德的行誼風範，包括壽冶老法師、敏智老法師及一位居士。

以慈悲心供養眾生

壽冶老和尚是一位心量很大的人，不管自己生活是否寬裕，只要別人需要的東西，他都會設法幫助人。譬如冬天他會送衣服，夏天則送茶水，人家沒有旅費，他也會送上旅費。他就好像及時雨，只要人們需要雨水，就立刻下起雨來；不過，假如不是真的需要，他也不會輕易給予，因此有些人便說他很吝嗇。其實，那往往是對方因為貪心而跟他要東西；但是如果確實缺少資具，他是一定會給的。我初到紐約時，也接受過他好多東西，他每隔一陣子就送些東西來，有時是油、有時是米……。

不僅對人如此，他對動物也一樣。冬天的時候，冰天雪地，紐約市區的野鴿子沒有東西吃，他就自己用一個小車子，推著玉米、黃豆之類的雜糧到市府廣場餵那些鴿子。因為每天推慣了，所以即使是下雪天的早上，到了一定時間，他的道場上空就會盤旋著許多鴿子，然後隨著他到市府廣場。

到了廣場，他把食物施灑在地上，拖曳成一個「卍」字或「佛」字，鴿子飛下來就食，遠遠地看去，就是「卍」字鴿子、「佛」字鴿子。這當然是他安排的，但他總這麼說：「您看看，畜生也有佛性！」鴿子們吃完了，他就推著車子回寺院，那群鴿子竟也跟著他，直送他回到寺裡為止。這成了紐約市冬天的一景，倒也挺有意思。但是到了溫暖的春天，他就不再餵了，他只有在冰天雪地的冬季才這麼餵鴿子。

他的一生，除了布施、幫助別人整建佛寺外，還曾經用血書寫經典，他就曾用刺手指、刺舌頭取出的血寫了一部《華嚴經》。只可惜離開大陸時，沒能將這一部血經帶出來，經歷文革之後，已是下落不明了。即使他年老體衰時，還是會用毛筆恭敬地書寫《華嚴經》，這已成為他的例行功課之一。

另一位敏智老法師，他和壽冶老和尚的行事風範不一樣。他的特點，在於教導學生時非常慈悲、誠懇和用心。凡是聽他講經、上課，追隨他學習的人，都能感受到他那殷切深重的慈悲心，為了讓人聽懂、明瞭，他總是不厭其煩地一再講解，無論你怎麼請教，他總是很有耐心、很慈祥地諄諄教誨，只是希望佛法有人傳承，有人弘揚。

不過，一般人總認為他很小氣，沒見過他布施結緣，有一次我問他：「敏老，大家説您小氣耶！」他説：「這用廣東話來講，叫做『孤寒』。」孤寒，就是吝嗇、小氣的意思。他説：「我是孤寒，我很窮呀！」因為他的信徒很少，而親近他學習的學生大都是沒有錢的年輕人。

敏智老法師持律謹嚴，他的生活非常簡單、刻苦，可用「清淡」來形容。後來他當了美國佛教會會長，他這個會長是不管事的，當初大家推選他當會長，他説：「好啊！但我不管事、不管人，也不管錢。」因此，他除了管講經、弘法外，其他一概不管，也因為他不管那些錢和權，所以也沒什麼人會來吵他。這樣的一個人，可以說他孤獨、孤僻、孤寒，但以對佛法的熱忱來講，他可一點也不寒，而且是非常的熱。

因為他不善於乞化、化緣，再加上他覺得不應該要的東西就絕對不要，所以他沒有東西可以布施。他認為，如果看到信徒來了，頭腦裡想的是：「來的是肥羊、還是瘦羊，或是這個人的皮包裡大概有多少錢，這個人銀行裡的錢多不多、出手大不大方……」，如果生起這樣的念頭，那和佛法不相應。

所以看到信徒來，他心中生起的是歡喜心，想著：「又來了一位菩薩，又來了一位求佛法的人。」以此誠心正念結了不少人緣，所以當他往生時，為他助念的弟子、學生、信徒，還真不少。他原來是江蘇省常州天寧寺的方丈，他當方丈的時候就是如此的性格，上面有老和尚、下面有都監，他就是上殿、過堂、拜佛、打坐、講經。有問題時，他會說：「大問題請教老和尚去，小問題請教都監去。」這在法門中，也是一類典型、一類行誼。

以恭敬心親近善知識

接下來，我要介紹一位居士。這位居士已經過世三十多年，名字叫做王澤坤。我認識他的時候，他已經六十多歲，那時我才三十來歲，在台北市善導寺講經。他來聽我講經，風雨無阻、勤做筆記，可是從來也不見他發問或找我說話，只是來的時候行禮如儀拜三拜，然後安靜地聽講，走的時候也是拜三拜就離去。

當時來聽我講課的聽眾，多的時候有六、七十人，少的時候只有二、三十人，而我發現，人數少的時候他一定會到。因為和這位老居士沒有什麼特別的互動，所以我並不清楚他究竟是怎麼樣的一個人。

一直到我打算要出國讀書時，當時台北佛教界不論是居士或是法師，都是一片反對的聲浪，認為聖嚴法師去東京留學就等於是準備還俗了。而王老居士這時要求來見我，並給我一個滿厚的大紅包，我問他：「這是做什麼？」他回答：「這是給您讀書用的。」我打開一看，一張張的拾元鈔票，少說也有一百張。在那個時候，一千元也是不少的錢啊！

我問他：「您不怕我還俗嗎？」他說：「師父，您別開玩笑，人家說您會還俗，但我相信您絕對不會還俗。」「師父，您不要理會別人講的話，我相信師父是因悲願心而去留學的。」我看他應該不是有錢的人，所以又問：「很感恩您，不過，您的經濟寬裕嗎？」他說：「師父，我不是有錢人，但是吃飯還不成問題，我省了一點錢下來，師父到日本讀書，也許可以讓您多買幾本書，或者支付一、兩個月的房租。」

我去了日本以後，他還常常託朋友帶一些豆皮、麵筋等素食品給我，因為日本沒有這些東西。還有一次他問我：「師父，您冬天的衣服夠嗎？」我跟他講：「我的衣服現在是夠，到了冬天不夠的時候再跟您說。」結果，冬天的時候文化館就寄了一包衣服到東京來，說是王澤坤居士要給我的。我當時很感動，因為那時候的日本冰天雪地，真的很冷，我又不好意思跟人家開口要東西，他送來了冬衣，讓我當時免了挨寒受凍。

後來我得到碩士學位回來，他好歡喜，趕忙來看我，不過因為沒有事先約好，所以連來了三次都沒遇上，第四次終於遇上了，他好歡喜。我說：「您怎麼不先打個電話給我呢？讓您白跑了好幾趟。」他說：「師父忙，反正我沒有什麼事，多跑幾趟沒關係，坐公車又花不了幾個錢，如果打了電話，師父就要把它當成一樁事來等我，那我的罪過可大了。」接著他又說：「師父，您要繼續讀博士學位，我想送您幾樣東西，能否請師父接受我的請齋，到寒舍來應供，我一併把東西送給您？」那時在台灣，除了我的老和尚可憐我，還沒有人供過我齋，而老和尚並不同意我再去讀書。

我去到他家裡，房子很小，家中成員除了他、他的夫人、兒子、媳婦，還有一個孫女、三個孫子，加上我將近十個人，把一個小客廳擠得水洩不通。所謂的廚房就是客廳旁的一口小小的灶，家中有兩個房間，兒子、媳婦一個房間、孫子們一個房間，至於他們兩位老人家，晚上就睡客廳的伸縮椅——收起來是一張椅子，伸展開來可以成一張床，而我就是坐在兩位老人家的床鋪上吃那餐飯。他說：「師父，讓您今天坐在我的床鋪上用餐，很抱歉！」生活簡單到這種程度，非常刻苦，因為只有兒子一個人賺錢養家裡這麼多人。

而生活過得簡樸刻苦的他，卻還買了兩樣東西給我，一樣是菩提達摩的雕像，還有一樣是姜太公釣魚的雕像。我問他：「這是什麼意思呢？」他說：「這兩樣東西是要等您讀完博士學位時，給您送給指導教授做為紀念品的。」我說：「我的博士學位，都還不知道什麼時候才可以拿到呢！」他回答：「師父，我相信您一定可以得到學位。」我說：「那就等我得到博士學位時，您再寄給我好了。」他接著說：「請您拿回去吧！到時候會有用的。」於是我就帶著那兩樣東西，回到日本繼續完成學業。

菩提達摩對日本人而言，是七倒八起的不倒翁，不管你怎麼樣打他、推他，他都會站起來，永遠打不倒、推不倒。而姜太公釣魚，用的是離水三尺的直鉤，不但小魚不會吃這鉤子，大魚也不會吃，而最後上鉤的魚非常特殊，那就是周文王。所以，這兩樣東西都有涵義在裡面。後來他在隔年（一九七三年）就往生了，他像是預知時至似的，知道從此以後不會再見面了，所以就先替我準備好禮物。這位居士對我個人來講，意義非常深重，《我的法門師友》

這本書，就曾記載這一段因緣。做為一個居士，對於一位法師沒有染著心，只有恭敬心、供養心及絕對的信心，讓我既感恩又感動，這是相當不容易的。

知己難逢，人生難得有知己，在所有人都懷疑我會還俗的時候，唯獨這位居士，他從不擔心我會還俗，還替我準備好讀完博士時送給指導教授的禮物。這樣的居士，真是難得，值得讚歎！《我的法門師友》這本書中，寫居士的文章不多，但是王澤坤居士是我寫得最早的一篇，悼念他的行誼。

今天在「高僧行誼」的課堂上，也講了一位高居士的行誼，目的是要讓你們知道，親近善知識應該有的態度。不要老是「黏」著善知識，應該用百分之百的恭敬心、供養心、感恩心來親近善知識。

（講於二〇〇四年三月二日「高僧行誼」課程）